逃税者的金库

[法] 埃尔韦·法尔恰尼 *Hervé Falciani*　[意] 安杰罗·闵库奇 *Angelo Mincuzzi*　著

吴若楠　译

LA CASSAFORTE DEGLI EVASORI

中国人民大学出版社

·北京·

“我的目的不在于散布逃税者的姓名，

而在于引起传播媒体和政界的注意。”

“我之所以谈论我的经验，是为了让其他证人不至于遭受我当初被迫承受的后果。”

“我们不难理解为什么政治人物对于打击逃漏税、银行权力过大和贪婪腐败毫无作为。因为保护银行的同时，他们也保护了自己。”

“从银行的信息系统复制出来的账户数据涉及超过 10 000 名意大利籍客户、12 000 名法国籍客户、将近 11 000 名英国籍客户、6 000 名美国籍客户、1 800 名日本籍和西班牙籍客户，以及 1 300 名希腊籍客户。此外，还有巴西人、阿根廷人、土耳其人和黎巴嫩人等，**来自世界上 183 个国家富可敌国的男男女女。**”

——引自本书前言

“在意大利和蒙特卡洛赔钱的那个人就是在瑞士赚钱的那个人。损失和收益都是假象，因为钱未曾转手。”

“在一家公司或银行里，只要有一个人反对保密，一切便会毁于旦夕。”

“相较于其他国家，意大利获得了较多的信息，但罗马政府下了一道禁令，与西班牙不同，意大利的法律不允许司法机构采用通过非官方管道获得的信息。”

“欧洲没有任何法律保护那些举报工作场所不法行为的证人。吹哨者或举报人毫无保障。”

前言　身价数十亿的男子

安杰罗·闵库奇

布威岛的幽灵人口

位于非洲和南极洲之间的布威岛是这个星球上最偏远的地方。其地表几乎完全被冰覆盖，那里，除了苔藓和地衣一类的物种之外，还住着一些海狮、海豹、海鸥和企鹅，但一个人也没有。怎么会出现一位当地居民，在世界上数一数二的银行里开户和存款？这是2009年，法国的调查人员开始检查汇丰私人银行一名雇员从该机构计算机中获取的几千份档案时，心中所浮现的众多疑问之一。既然岛上连一个居民也没有，那这位神秘的布威岛居民究竟是打哪儿冒出来的？是当初输入数据的人一时手误？或者是用来掩饰一位重量级逃税大户的某种内部程序？而像汇丰银行这等老练的机构，以这么粗糙的手法去变造其资料，是出于何种动机？

2009年年中，一起案件震惊了瑞士银行界上上下下，日内瓦的汇丰私人银行的127 000位客户是这起案件的焦点，而这位布威岛的幽灵人口便是其中之一。当年的1月20日，在瑞士司法机关的要求之下，尼斯检方突击搜查了位于法国与意大利边境芒通丘陵上的一栋房子，并且没收了屋主埃尔韦·法尔恰尼（Hervé Falciani）的计算机。这位计算机工程师1972年出生于蒙特卡洛，拥有法国和意大利两国的国籍。

调查人员分析了存储在计算机中的文件，找到了令他们瞠目结舌的数据：与汇丰银行往来的客户里，有上千家公司、信托基金和投资基金的所有人在避税天堂注册。调查人员还找到了一些记录，是关于账户交易以及选择权、债券和股票等银行用来管理资金的金融工具的。当时，计算机屏幕上也显示出银行内部的机密文件、受托管理资产的投资顾问的名字，还有投资顾问每次访问客户后所写的书面报告，以及掮客（即客户和投资顾问的交集点）完整的人脉网络。换言之，汇丰银行的秘密档案正赤裸裸地呈现在他们眼前。

法尔恰尼名单

2009年年底，埃尔韦·法尔恰尼这个名字登上各大报纸的头版。当时欧洲各大报认定，他便是日内瓦的汇丰银行涉嫌逃税者名单——所谓的“法尔恰尼名单”——的制作者。媒体第一时间关注的焦点，是那些将自身庞大资产带到瑞士的有钱人的身份，他们中的大多数人都没有向自己国家的税务机关申报这些财产。然而，没有人察觉到法尔恰尼的这一举动颠覆性的本质。

这一次，成千上万的信息流至法国的税务机关和司法机关，之后不久，这些信息当中至少有一部分被交至其他国家的主管机关手中——这是击垮瑞士银行保密制度的最后一击。完整的银行数据被复制并公之于众，此乃前所未闻的一件事。冠冕堂皇的瑞士联邦和瑞士的私人银行界，等于是当众被打了个耳光。要他们咽下这口气是不可能的，因为这位年轻的意裔法籍工程师向世界揭露，在银行的金库中，合法资金混杂着逃税者、毒贩、黑帮组织与各种不法分子的黑钱。西装笔挺的绅士与机关枪不离身的黑帮老大彼此肩并肩，毫无区别。

收到战帖的，是一家世界上颇具影响力的银行。成立于 1865 年的汇丰银行（香港上海汇丰银行有限公司）在全球 74 个国家拥有 6 200 个办事处、5 200 万名客户和 254 000 名员工，可说是国际银行界的龙头之一。根据美国《福布斯》杂志调查公布的“福布斯全球 2 000 领先企业榜”，汇丰银行是 2014 年世界排名第 14 位的企业，登记有 796 亿美元的营业收益，163 亿美元的获利，2 671.3 亿美元的资产，以及 1 926 亿美元的市值总额。

汇丰银行负责管理大型资产的分支机构——汇丰私人银行（HSBC Private Bank）经手管理 3 280 亿美元资产。而外流到法尔恰尼计算机中的信息正与这上千亿资产有关。从银行信息系统复制出来的账户数据，涉及超过 10 000 万名意大利籍客户、12 000 名法国籍客户、近 11 000 名英国籍客户、6 000 名美国籍客户、1 800 名日本籍和西班牙籍客户，以及 1 300 名希腊籍客户。此外，还有巴西人、阿根廷人、土耳其人和黎巴嫩人等，来自世界上 183 个国家富可敌国的男男女女。其中还有 110 个账户的户主注册在纽埃，这个太平洋岛国是一个有 1 400 人的避税天堂——将近 1/10 的国民在汇丰银行开户存款。若此事属实，可算是一项新纪录。

意大利的金融警察于 2010 年年初收到意大利籍客户的资料。不久之后，都灵的检方也从法国尼斯检察官埃里克·德蒙戈尔菲耶（Eric de

Montgolfier）那里收到一份名单，后者是首位着手处理这些被扣押的文件的人。意大利检方收到 6 963 名银行客户的资料，这些人名下有超过 80 亿欧元的存款。他们大多是意大利北部的企业家与专业人士。意大利金融警察针对其中 3 000 人展开调查，发现了总额高达 57 亿欧元未申报的收入，并找出 76 名未曾提出任何申报的逃税者。

但 2009 年 12 月 30 日，在意大利总理贝卢斯科尼（Silvio Berlusconi）政府的财政部长特雷蒙迪（Giulio Tremonti）主导下，意大利立法机构通过一项法规，上述种种努力随之触礁。这个编号 194、人称“千延条款”（Milleproroghe）的法规重启了 2009 年第 78 号法令第 13 条第 2 款所规定的“税盾”议题。这个特赦令允许逃税者在 2009 年 12 月前将其海外的非法资金汇回意大利。逃税者仅需支付 5% 的税金，便可以在保持匿名的状况下将资产正规化，并免于任何惩处。这个新的“税盾”允许汇丰银行的意大利籍客户以缴纳稍高的税金作为交换条件，免除他们在刑事和税务方面的法律责任（2010 年 2 月 28 日前响应者，须缴纳 6% 的税金；4 月 30 日前响应者，则须缴纳 7% 的税金，4 月 30 日是“千延条款”所定的最后期限）。只要响应特赦措施，一切就安稳妥当了。

负责调查“法尔恰尼名单”的意大利 40 多个检察机关被迫举白旗投降。面对响应“税盾”的申请，法官只能将数百个案件结案归档。特雷蒙迪、贝卢斯科尼联手签署法规的目的已然得逞。

在本书中，法尔恰尼声称，罗马政府早在通过“税盾”法令之前便已知道这份名单的存在。意大利的秘密情报机构也早已设法取得那些从汇丰银行获取的资料，并已掌握意大利逃税者的名字。《二十四小时太阳报》引用不具名的消息来源报道称，2014 年 1 月，看过这些名单的调查人员注意到，名单中有几位与意大利右翼政治圈以及梵蒂冈政治人士交好的人，其中至少有一位是银行家。

意大利政府延长税收特赦的期限，是不是想借此保护某个人呢？目前，这个问题仍然没有答案。得等到来自汇丰银行的所有文件——不仅仅涉及那些与意大利有关的人——被一一检视之后，这个问题方能获得解答。

在法国蔚蓝海岸的会面

2010 年夏天，我第一次见到法尔恰尼，当时他是被司法部门追捕的猎物。他受到法国国家宪兵队保护，隐姓埋名地生活在法国蔚蓝海岸一带。至于他究竟是为了钱而兴风作浪的投机者——某些报纸如此描述他，抑或是劫富济贫的罗宾汉，目前舆论尚无定论。

我在律师帕特里克·里佐（Patrick Rizzo）的牵线之下得以与他会面。在位于尼斯和蒙特卡洛之间的小镇卡代的一家小酒吧里，我们围着一张小桌而坐，会面持续了一整天。法尔恰尼在一张又一张的纸上画满了略图、缩写代号与佣金的抽成比例。他解释，在银行的户名中，自然人所占的比例不到 10%，而这些客户多半是所谓的“小鱼”，真正拥有巨款的“大鱼”则藏身于财团法人之中。他说，私人银行违反国际法而不受任何监督与管制。接着他又补充说明，实际上，目前世界上并不存在任何能追溯资金流动的方式。空壳公司被用来藏匿积攒的钱、逃避税务机关的调查，并在不同的避税天堂设立黑户。

法尔恰尼所描绘的画面很阴沉。与金融犯罪之间的搏斗是一场不对等的战役，因为在信息系统那个流动的世界里，数据可以在一瞬间消失无踪，然后转瞬间立刻重新出现在地球另一端。如果你不知道去哪里才能找到这些信息，你便再也无法找到它们。一笔订单取消了，便没人能证实它实际存在过。如果某些信息从意大利转至瑞士，在意大利寻找这些信息的检察机关将遍寻不着。

汇丰事件不止涉及一份名单，已经有足够的事实让我们明白了这一点。法尔恰尼说，他很早就意识到，银行的各种交易通过在避税天堂注册的公司完成。这绝非孤立的个案，而是一个错综复杂的庞大体系，他们借此湮灭资金流通的路径。整个体系就像是一套组装流水线，是某种基于在许多空壳公司的金融新福特主义。这就是只掌握意大利涉案人的名单对于调查人员而言不够的原因。这样一来，其他的意大利人仍能继续藏身于那些在海外注册、假借其他本国或外国专业人士之名所设立的幽灵公司之后。

在法尔恰尼于 2001—2008 年服务的那家银行里，英属维尔京群岛、巴拿马和巴哈马就像是神秘的百慕大三角。只要在这些避税天堂成立三家幽灵公司，便足以让所有线索消失无踪。

检方必须委托他国检察机关提供司法互助，这大概得花上 10 年的时间，而在此期间，那些公司会宣布歇业，并于几天之内重新在别处开张大吉。此外，银行最重要的客户往往藏身于信托基金的屏障之后，这些信托基金全部注册在秘密的辖区，借人头设立，借此切断与意大利之间的所有关联。

这正是为什么对于税务机关而言，通往秘密财富实际拥有者的资金之流就像是条地下河。这些河流消失在地底下，流向千里之外，以其他人的名字和其他形式重新浮出地表。接着，它们再次消失无踪，再次改头换面，快速移动，像是一列列忽上忽下、载满了金钱的云霄飞车。然后，或许它们会回到起点，回到当初送它们上路的那些人口袋里。这时，黑钱已然洗净，就像用漂白剂洗过似的。

法尔恰尼说，没有什么事像表面上看起来那样。他也向我坦承，他害怕自己被杀，因为窃取汇丰银行的资料，不啻是与庞大的利益集团为敌。

欺诈证据

法尔恰尼将银行描述为一种结构严密、致力于规避法律的产业。由汇丰银行的数据库取出的 6 万份会谈报告书，证实了他的说法是正确的。2011 年，其中一部分文件被交给都灵的司法部门。那是银行的投资顾问所写的文件，内容简单扼要，描述他们与账户持有人交涉的内容与方法，这么做是根据瑞士巴塞尔银行监管委员会当初为了监督银行所制定的规定，旨在让银行机构与客户之间的对话留下一些记录。比起其他的文件，这些文件的解读与分析三两下便完成了，这些报告书的制作者尽力地避免留下任何关键敏感的数据，但他们仍犯了许多天真的错误，为调查人员提供了许多有用的线索。

某位投资顾问写道，金融警察找上了他的客户——一家米兰的顾问公司经理，他因此被紧急召见。金融警察查看这位客户的计算机时，发现了一笔股权转让的记录，而这显然不应该出现在这位客户的个人计算机里。投资顾问还写道，“这位客户要求我与他的会计师联系，看看怎么做才能避免后续节外生枝。在此我也想顺便说明，大约在两年前，这位客户签订了一张价值 150 万欧元的保单，这些由税盾所得到的金钱，目前存放在卢森堡。”

2005 年 9 月，一位账户持有人的妻子从米兰飞往日内瓦，去处理一个非常严重的问题。账户持有人是时尚界某家电视广告公司的股东。投资顾问在会谈报告书中加注了以下内容：“客户在本公司所开设的账户，得到了客户公司的海外部门的支持。”但客户紧急来访的原因究竟为何？

客户的一位下属被发现窃取公司的金钱。投资顾问透露，这个人理当被解雇，但不幸的是，“这个人知道太多关于本行账户的细节，而账户持有人担心她会用所掌握的信息来要挟他们”。投资顾问向账户持有人的妻子解释，要让户头消失是不可能的，但他随后尝试安抚她，“因为在发布任何消息之前，司法部门必须遵循一套相当冗长的法律程序：客户得先接受意大利检方的调查，接着后者必须送出申请他国司法当局协助调查的跨国委托书，而这份委托书必须被瑞士当局接受”。不一会儿功夫，解决方案就出炉了：将账户资金转入信托基金，最好是海外的，这么一来，便能消灭一切痕迹。

2005 年是世界上众多避税天堂生意兴隆的一年。欧盟一项关于储蓄利息收入的新法规，刚好在那年生效。《欧盟储蓄指令》（European Savings Directive，ESD）对欧盟公民在他国的存款利息以累进税率征税。最重要的是，它规范了各国之间信息的交流。瑞士也响应了这项协定，但奇怪的是，征税的对象只限于自然人而不包括公司。投资顾问也因此立刻为客户找出一套量身定做的应对之策，在银行的报告书里，这种解决方案被称为“ESD 方案”。具体做法是：在某个避税天堂成立一家公司，再把账户注册在这家公司名下，这样，客户便不需要缴纳一分一毫的税金。翻阅这些报告书不难发现，巴拿马似乎是最热门的避税地点。

法尔恰尼因为将这些信息透露给法国的税务机关和司法机关，而被引渡到瑞士，他被以涉嫌从事金融间谍、窃取信息、违反商业机密和银行保密制度等罪名起诉。目前，他仍是国际刑警组织追捕的对象，处境比战犯还艰难。另外，布鲁塞尔法院也根据上述客户会谈报告书，于 2014 年 11 月 17 日以蓄意税务欺诈、洗钱、犯罪集团和非法金融中介等罪名起诉日内瓦的汇丰私人银行。银行建议客户在巴拿马和英属维尔京群岛等地设立空壳公司来规避《欧盟储蓄指令》的纳税规定，并没有逃过比利时法官米歇尔·克莱斯（Michel Claise）的法眼，他的专长正是打击金融犯罪。

隔天，即 11 月 18 日，法国巴黎的调查法官纪尧姆·达耶夫（Guillaume Daïeff）和夏洛特·比尔热（Charlotte Bilger）同样根据法尔恰尼所提供的证据，以逃税、洗钱和非法金融中介等罪名起诉这家位于瑞士的银行，最后以 5 000 万欧元交保。10 天后，阿根廷政府也控诉汇丰银行协助超过 4 000 名阿根廷公民逃税。

早在 2012 年，汇丰银行就因协助墨西哥毒枭洗钱，在伊朗违反禁运规定，与沙特阿拉伯一家涉嫌资助“基地”组织恐怖分子的银行有商业往来，被美国当局判处 19 亿美元的罚款。接着，由于在美国境内进行房地产股权的非法交易，被判处 55 亿美元的罚款。而后，他们通过欺诈手段，将住房抵押保险和其他金融产品卖给英国客户，再被开罚 7 亿美元作为赔偿金。2014 年 11 月中旬，英国、美国和瑞士的司法机关以操纵外汇市场或企图操纵外汇市场为由，共判处汇丰银行 6.18 亿美元的罚款。

蒙特卡洛大奖赛前夕

2012 年 7 月 1 日在西班牙被捕之前，法尔恰尼一直过着亡命天涯的生活。他只能在法国、意大利和摩纳哥等国出没游走。要见上他一面极不容易，并且必须极为低调谨慎，会面地点多半是法国蔚蓝海岸一带的某个小镇，或是意大利北部的某个城市。此外，还有许多必须遵守的注意事项：只能面对面交谈，绝对不能以手机联络，只能在人潮汹涌的公共场所会面。法尔恰尼向我坦承，把自己藏匿起来的最佳方式便是混入人群当中，绝不能选择偏僻或封闭的场所。

2012年5月的一个晚上，我们走在蒙特卡洛一条人山人海的街道上。再过一天就是举办一级方程式大奖赛的日子了，摩纳哥公国已经准备好比赛的开幕式。港口边停满了游艇，游艇的主人和他们的宾客将在前排观赏那些如子弹般呼啸而过的赛车。游艇上会充斥着璀璨的灯光、热闹的音乐、欢舞的妙龄女子、交错的杯光酒影、价值数千欧元的华服，一派喧闹的景象。

那段日子里，欧洲陷入了继1929年经济大萧条以来最严重的经济危机。在希腊，人们已经填不饱肚子，婴儿死亡率不断升高，越来越多家庭被贫穷吞噬，医院没有足够的钱来购买纱布和药品。在意大利，小型企业一家接着一家关门大吉，青年失业率也创下新高，意大利南部再次出现人口锐减、人口外移的现象。西班牙和葡萄牙经济崩盘，无力清偿贷款的家庭被扫地出门，失业人口节节攀升。中产阶级的社会地位持续下降，阶层不再流动，贫者愈贫。然而，在蒙特卡洛的游艇上，欢庆的规模却空前盛大。我们在码头上散步时，法尔恰尼面带微笑，他在这个地方出生，对于两个永不交会的平行世界习以为常。有些摩纳哥的企业家居住在蒙特卡洛，但公司登记在圣马力诺共和国：他们在两个避税天堂间通勤上班，未曾沾染过俗世的凡尘。

这个极尽享乐和奢华之能事的盛会，所有开销都由藏匿在避税天堂的财富来负担。麦肯锡（McKinsey）前财务顾问詹姆斯·亨利（James Henry）现在与打击逃税的国际组织"税收正义网络"合作。根据他的说法，自2010年起，有210兆～320兆美元的资金被用来投资，而这些投资几乎全部免税。英国籍的理查德·墨菲（Richard Murphy）是税收研究室（Tax Research）的主任，他受欧洲议会社会民主阵营所托，进行了一项研究，根据他的研究，欧洲每年的逃税金额高达1兆欧元。根据不同的估算方式，意大利方面的数据从 1 200 亿至 1 800 亿欧元不等。

法尔恰尼当初之所以决定放弃大型国际银行计算机工程师的舒适生活，以及 12 万欧元的年薪，转而投入“汇丰计划”，正是为了对抗这股巨大的金钱势力及其腐化政治的力量。然而，他协助法国和几个国家的税务与司法机关揭发真相的计划，却立刻因为政界的反弹而触礁。法尔恰尼事件充斥着一次次被打压的奋起尝试以及来自权力殿堂的阻挠。在法国，下令终止一切调查的人正是当时的总统尼古拉·萨科齐（Nicolas Sarkozy）。意大利情报部门则收到来自罗马的停止调查的命令，当时的意大利政府仍由贝卢斯科尼所主导的阵营执政。对于汇丰事件，意大利政界表现出的欲盖弥彰的沉默丝毫不令人意外。2011 年，时任意大利价值党主席、先前侦办审理“净手案”（Mani pulite）的前法官安东尼奥·迪彼得罗（Antonio Di Pietro），是意大利政坛唯一站出来高声呼吁公布“法尔恰尼名单”的政治人物。

受西班牙保护

2013 年 2 月，处于缓刑监视状态的法尔恰尼在西班牙等待开庭已有两个月，这次的讯问将决定是否引渡他到瑞士。在马德里，他享有受保护证人的待遇。当我在西班牙的首都与他会面时，我意识到调查汇丰案的反贪腐检察官视他的性命为至宝。一个 4 人的小组夜以继日地保护他的安危。法尔恰尼从不在同一个地方过夜，总是有一辆车在前面护送他所搭乘的车辆，他到访的地点一律经过层层过滤。我们在公园或图书馆见面时必须走在开放的空间，前后都有警察。移动电话始终保持关机，电池也被卸掉，以排除任何泄露行踪的风险。法尔恰尼神色憔悴，但他很高兴终于有人听他说话。

为了声援他，西班牙“愤怒者运动”（Indignados）的成员动员群众在几个广场上静坐抗议，还有像胡安·加尔塞斯（Juan Garcés）这样首屈一指的名律师为他辩护，加尔塞斯曾担任智利总统萨尔瓦多·阿连德（Salvador Allende）的政治顾问。在法国，威廉·布尔东（William Bourdon）肩负起为法尔恰尼辩护的责任，布尔东的专长是企业刑法和媒体法。布尔东成立的非政府组织“法国律师协会反腐联盟”（Sherpa），为那些被智利军事独裁者皮诺切特迫害的人以及卢旺达种族大屠杀受害者争取权益，并协助起诉了许多非法敛财的非洲国家元首。两位律师联手，说服西班牙国家法院驳回瑞士引渡法尔恰尼的要求。有了法尔恰尼的合作，西班牙便能取得来自汇丰银行的数据，数据存储在传统搜索引擎无法搜寻到的深网（deep web）中。除了原本已知的名单之外，还有另外一份名单涉及设立于摩纳哥、卢森堡、苏黎世、卢加诺、根西岛、泽西岛、日内瓦等处的汇丰银行分支机构的 121 452 个账户，设立在英属维尔京群岛的信托基金，以及其他设立在纽约及英国的公司。都灵检察官吉安·卡洛·卡赛利（Gian Carlo Caselli）和他的副手阿尔贝托·佩尔杜卡（Alberto Perduca），也要求得到关于意大利籍客户新设立的账户的资料，他们是当时唯一意识到从汇丰银行窃取的这些数据有多重要的人。这些文件在 2014 年初的几个月里陆续送抵意大利。

经济战争

关于汇丰银行的信息窃案，要是把它看作某个小虾米决定单挑国际大银行的举动，那就搞错了。相反，这是一项经过研究、计划，由一组人马共同完成的行动。这个团体当中的每位成员动机各异，但他们有一个共同目标：要揭发银行金融体系竭尽所能规避法律，由极少数特权分子所构成的精英团体不当图利等行为。几个情报机构参与了此次行动，也让我们窥见一场秘而不宣的战争——美国对上了瑞士，目的在于废止其银行保密制度。汇丰银行的文件对美方有利，因此有可能被拿来当作地下交涉的筹码。

法尔恰尼决定对抗信息不透明，争取信息透明化，以保护大众的利益。他参与的这场战役尚未结束，因为这位汇丰银行前雇员选择了与不久前揭发逃税者名单的那些“深喉”不同的路——他没有销声匿迹，而是一直努力确保这些数据能被司法部门使用。他跟法国税务稽查人员合作，在西班牙“X 党”（Partido X）中疾呼（甚至在 2014 年代表这个党派角逐欧洲议会议员），并与以法国前部长阿诺·蒙特布尔（Arnaud Montebourg）为首的左翼党派法国社会党密切接触，提倡设立一个国际信息平台，让那些举报了贪污、挪用公款、贿赂和逃税案件的人，不至于承受他本人所遭受的后果。

2010 年夏天至 2015 年年初，我多次在巴黎和蔚蓝海岸等地与法尔恰尼会面，并收集了他的证词。读者可以在本书中读到他的故事，并通过这份特殊的记录，了解到为什么从某一天开始，有一群人下定决心对当今世界那不公不义的体制说“不”，并组织了全球金融史上最大规模的信息窃案。

目 录

第2章 银行的庞大势力 / 63

银行拥有很大的权力，并且凌驾于规则之上，在银行工作的人必须恪守内部的规定。凡是银行员工，都知道保密的必要。不遵守这一点等于违法。如果违反了保密规定，就算并非蓄意，也会从此活在担心被揭发的恐惧里。

第3章 如何应对？ / 129

跨组织合作关系致力于促进相关机构之间情报的共享。这与“维基解密”有几分相似，但我们并没有将信息完全透明化的雄心壮志，在我们看来，重要的不是将信息公开，而是让信息能够在参与调查的专业人士和调查人员间流通。

附 录 / 159

第1章
我向世界的主人下战书

LA CASSAFORTE DEGLI EVASORI

我之所以会冒着自己和家人的生命危险这么做，与我个人的经历有关。我向来不欣赏强者的傲慢，也未曾接受过一切向钱看的价值观。我住在一个避税天堂里，亲眼见识了这种金融体系所带来的影响。

1.1　告别银行保密制度

秘密特工计划

再过几分钟就是晚上 8 点，我快要到家了。那是 2008 年的 12 月 22 日，圣诞假期将至，我走在日内瓦的街道上，试图说服自己相信一切进行得很顺利。我刚刚去了警察局一趟，计划开始实施，现在，我只需完成已经启动的工作。为了眼前这一刻，我已经准备了好几个月。

一到家，我就开始找电话，那是特工人员交给我的一种特殊装置。一个白色的紧急装置，只有一张信用卡那么大，薄到可以藏在一本书里，而且没有键盘。他们向我解释这是一部“干净”的手机——它不会留下任何线索，而且可以躲避监听。我不能向外拨打电话，只能要求回电。找到适当的时机，我便可以发出信号，而电话接通之后，我只能静静地聆听。话说回来，我又有什么好诉说和解释的呢？他们监视着我，知道那天在警察局里所发生的事情，并且已经准备去执行长久以来我们巨细无遗设计好的一切。

我按下了按钮，我想知道离开日内瓦的时刻是否已经到来，或者我必须继续等待。

等待他们回电的时候，我试着入睡，但没有睡着。我想着我的女儿，想到我们即将移居到一个新的城市。我寻思对她而言，究竟是移居到法国比较好，还是回到我们之前一直居住的蒙特卡洛好。幸好我们还可以选择。选择蒙特卡洛的优点在于：让我的家人住在那里，等于是向摩纳哥当局表明我们的中立立场，让他们知道我并没有要与他们为敌；同时，也方便我到法国去完成计划。

我把接下来的对策全盘想了一次。我再次思考了与法国税务机关的合作，思考了我跟特工人员与税务稽查人员所建立的关系。当初，并不是由我本人主动联系情报机构的，而是通过汇丰银行日内瓦分行的某些人。他们并非瑞士的特工人员，我不清楚他们的国籍，但他们隶属于某个伪装得极为完美、分工极为精密的机构。在瑞士，我了解到一个真相：没有一件事是如表面上看来的那样。

多年之后，我才知道当时爱德华·斯诺登也在日内瓦，这位信息专家揭发了世界上最强大的情报部门美国国家安全局（NSA）秘密监控全世界的丑闻，他从 2013 年 6 月起流亡俄罗斯。斯诺登当时在外交部门的掩护之下为美国中央情报局（CIA）工作。正如他本人在 2014 年 8 月接受 *Wired* 月刊采访时所宣称的，2007—2009 年，他是某个常驻日内瓦的情报团队的一员。斯诺登所在团队管理的通信系统，跟我使用过的那些非常相似。

而我所做的一切始于 2006 年。情报机构的人提供给我一个软件，用来调查从汇丰私人银行收集来的数据是否完整，以及这些资料对负责该案的法官是否有用。我在银行里并没有调阅机密信息的权限，我必须调查出管理那些信息的人是谁，并转告给特工人员。而穿针引线地与那些信息管理者搭上线，进而说服他们与我们合作，就是特工人员的工作了。以下便是 2007 年以来所发生的一切：将信息从银行的数据库取出然后存至云端的人不是我，是汇丰银行的其他员工；我的责任是每天检查存盘的信息，看看少了哪些，以及还有哪些可以获取的内容。一直到数据库于 2008 年 2 月由于安全原因被冻结为止，云端都不时有新增信息。到此时，已经过了 10 个月之久。

凌晨 4 点，我接到了电话。电话另一头的声音向我确认一切都在控制之中，并告诉我在离家不远的一个停车场里，已有两辆待命的汽车。我会在指定的地点与相关人员碰头，我的家人则会搭乘另一辆汽车，越过瑞士边境，抵达法国境内的某处。我和我妻子先前就被告知了在法国境内会合的时间与地点。

电话铃声唤醒了我的妻子，她到厨房找我。她看了我一眼，又看了电话机一眼，便立刻了解到那一刻已然来临。几年来，我们经常谈论这一刻，我们都知道迟早有一天警察会登门造访。她不清楚这项行动的诸多细节，但她信任我。她知道若是事态危险，我们将不得不匆匆离开瑞士。我们有 4 个小时的时间为出发做准备。

我们无须收拾行李，行李早已备好，因为我们原本就准备在圣诞假期去旅行。特工人员会确保我们离开瑞士的时候没人在我家门口徘徊或跟踪。

到了 8 点，我陪我的妻子和女儿去离家不远的停车场乘车，并向她们道别。我自己则搭乘另一辆车，前往距日内瓦不远的约定地点。我打电话给法国公共财政总署的人，知会他我要上路了，长期以来我一直与他保持联系。

旅途当中没有发生任何意外，我在边境与家人重新聚首。然后我们一起前往法国蔚蓝海岸的小镇卡代，我们将在安全人员的保护下，在那里停留两个星期。

一个更美好的世界

我要离开日内瓦，去挑战世界上规模和势力最强大的银行之一。我之所以会冒着自己和家人的生命危险这么做，与我个人的经历有关。我向来不欣赏强者的傲慢，也未曾接受过一切向钱看的价值观。我住在一个避税天堂里，亲眼见识了这种金融体系所带来的影响。巨大的财富抵达蒙特卡洛，但金钱来源地的国家却陷入贫穷的泥沼。我之所以选择起身反抗而不愿听天由命，也是因为我想要留给我女儿一个不一样的世界。我不愿让她在凡事向钱看、恃强凌弱、贪赃枉法的价值观成为常态的世界里长大。

由于某些遗传基因的缺陷，我的女儿需要持续的照料与关注。我看着她，内心满是柔情地想象着她的未来。有几次，我跟我妻子计划离开法国，移民到法属玻利尼西亚，好让我们的女儿在一个不受歧视并避开疯狂竞争的环境中生活。在那里，她将被团结互助的价值观以及社群的归属感所拥抱。

我感觉自己必须为她和与她相似的人做些什么。我决定对抗一个银行体制，它鼓励贪腐与逃漏税、向富人提供逃税方法、榨干各国政府留给弱势民众的资源。这是我所能做的。汇丰银行系统性的违法行为令我感到十分不齿——有个以汇丰银行为中心，通往各个避税天堂的体系。

我不是傻子，也不是一个透视未来的狂人，我很清楚自己无法改变这个世界。但我确实相信自己可以触发一种转变，这种转变的过程若是慢慢扩展开来，假以时日应能带来积极正面的影响。我想提供证据，向公共舆论和司法机关陈述这个金融体系的运作方式。

瑞士的司法部门登门造访

在卡代的旅馆待了两周之后，我们搬到我父母坐落于芒通丘陵上的房子，这地方几乎与意大利接壤。我不知道瑞士的检察官何时才会到来，但我很早便被告知在 1 月上旬备妥所有数据。抵达法国境内后，我买了一台计算机，连上云端数据库，我从汇丰银行取得的所有信息都存储在那里。我调出法国籍客户的账户档案，进行一些处理，将它们转换为可用的数据。我们之前便决定使用这些数据说服尼斯的检察官埃里克·德蒙戈尔菲耶（Eric de Montgolfier）采取行动，我们将他选定为首个对象。不久后，我的妻女离开了芒通，她们将在意大利定居一段时间。瑞士的检察官找上门时，我必须是独自一个人。

接下来就只需要等待了。我跟法国税务机关的官员约好在 2 月见面。在这之前，我得抓住机会，准备申请变更户籍地址的文件，取得新护照，也安顿好蒙特卡洛那边的一些待办事项。我们必须为接下来的步骤做好万全准备。

2009 年 1 月 20 日早上 7 点，瑞士人登门了。一共有三个人——一位警官、一位督察，以及一位曾任警察、举手投足很像军人的女检察官。

在圣诞节前夕查封我位于日内瓦的家的，正是这组人马。与他们同行的有三位法国宪兵，后者在前一天曾来我们的小别墅附近巡视了一遭。他们有搜查令，告知我可以拒绝搜查，但我没有这么做。我准备好并等待了几周，就是为了眼前这一刻。

在放瑞士人进门之前，我设法打电话给帕特里克·里佐——我之前在尼斯的律师，我想跟他说我们要行动了，但我没能找到他，于是我给他留了信息。计算机早就备妥，放在客厅中央的一张小桌子上。

瑞士人找到了他们所要找的，之后，他们带我去芒通的派出所接受讯问。一路上，法国宪兵防止他们与我接触，于是我便趁机透露，我跟法国的税务官员已经合作好一阵子了，如果宪兵队想找人了解一下我的情况，可以联系那些税务人员。

我们一抵达派出所，他们便开始像机关枪一样发问。我的律师里佐赶来，提出严正的抗议，他表示瑞士检察官的行为已违反《日内瓦公约》。他抱怨自己无法为我辩护，因为他没办法调阅档案，这一切都被记录在其中。

瑞士人指控我入侵了某个数据库。他们自始至终没有提及汇丰银行，或任何其他的银行。他们看起来似乎对内情一无所知，只是单纯把我当成一个网络黑客看待。他们通过法国宪兵向我提问，试图厘清我与谁共事。一连两天，他们针对我手机通讯簿里所存储的每一个名字质问我，并把焦点放在法国公共财政总署的官员和法国税务当局的调查人员身上。

里佐律师已经先联系了尼斯的检察官德蒙戈尔菲耶，也向他解释存储在我计算机中的数据对法国很有用，同时表示瑞士方面想要夺走那些数据，以确保那些数据不流入其他国家，并防止数据被读取。瑞士检察官没想到这是汇丰银行的资料，因为他们认定我无法取得银行那些关系重大的档案，以为我最多只能弄到一些通过传真、电子邮件和电话去探测深网——一般搜索引擎无法搜寻到的隐藏网站——取得的信息。一年前我访问贝鲁特时，曾向一位银行经理提及此事。我向她解释，有一种不必调阅机密数据就能破解银行保密制度的可能。如我所预料的，她迫不及待地将此事汇报给瑞士的司法部门。

我们所冒的风险是司法部门可能会花太多年才决定扣押数据。因此，我从黎巴嫩返回之后，与我共事的情报人员便开始故意留下一些蛛丝马迹，好让警方对我们的活动起疑。我们仿佛在玩一场扑克牌游戏，对瑞士是否会上这个当并没有把握。的确，我心里也对此持怀疑态度。但 2009 年 1 月 1 日，瑞士检察官要求法国扣押我手上的资料，他们指控我窃取了那些资料。我设法让他们不费吹灰之力便能找到我——我寄了一封写有我的地址和电话号码的挂号信给他们。他们原本可以传唤我，或要求我前往法国宪兵队到案说明，但他们选择扣押我手里握有的数据，指控我未经授权便非法持有受银行保密制度保护的信息。幸好他们选择了这么做，不然，这些资料后来便无法被着手调查此案的法国或其他国家当局使用。这下子，诱饵令鱼上钩了。

而我现在人就在这里，在芒通宪兵队的讯问室。从他们向我提出的那些问题，我了解到调查人员并不明白他们究竟要找什么。他们不清楚存储在我计算机里的究竟是什么样的数据。

他们不知道那究竟是数据，还是可以提取数据的系统，即用于数据挖掘的系统。而汇丰银行自己也摸不着头绪，因为银行里的每个人都知道我根本没有权限调阅机密文件。

检察官们唯一知道的，是瑞士的银行体系这艘大船出现了裂痕，但他们不知道裂缝在哪儿，裂得有多大。总之，他们陷入了恐慌。这是瑞士有史以来第一次跨国向他国司法部门求助。通常都是瑞士收到别国的司法合作请求，而请求多半来自试图看穿银行界的那些检察官。但这一次，瑞士方面出于一个恰恰相反的目的请求他国协助：为了捍卫银行保密制度，捍卫瑞士众多私人银行的营运机制。

1.2　天堂里的生活

蒙特卡洛的童年时光

瑞士检察官表现出避税天堂居民的典型态度，我对此再熟悉不过了，因为我生长于蒙特卡洛。那是一幅扭曲的画面，就像是站在一面镜子前，只看见自己的倒影，而无法想象镜子背后还站着某些人，他们正为你的选择承担后果。

20 世纪 80 年代初，密特朗在法国赢得选举。当时，我所注意到的第一件事，便是我的父亲因此而工作量大增。那时，我父亲是一家银行的雇员。惧怕社会主义的法国富人将大笔金钱带到蒙特卡洛，为了清点那些钱，父亲每个周末都得加班。当时，金钱是以现金形式装在行李箱里送到蒙特卡洛的，清点那些钱需要花费相当的时间与精力。

每当世界的某个地方发生了战争，贫穷与破坏随之而来，便会出现同样的现象：更多的财富进入蒙特卡洛。贝鲁特的内战或社会党在大选中获胜，都让金钱流向蒙特卡洛，但黎巴嫩或法国的人民并不知道这些钱财正被送往蒙特卡洛、瑞士以及所有作为资金逃生通道的国家。

事实上，对于蒙特卡洛而言，银行便是一切。我的父亲当时任职于 Sudameris，这个机构在 1991 年被意大利商业银行收购。在我的童年时期，那是一个我下午 5 点放学后可以去的地方。进入那里有点像是走进教堂，你必须保持安静，轻声说话。那里很漂亮，每个细节都被打点得很好、很干净，墙壁上还镶着木质的镶板。我喜欢在那些铺有地毯的走廊上奔跑；此处人烟如此稀少，有时候，我会偷偷拿出滑板，但立刻会被保安人员制止。我的父亲在此工作，即使它庄严肃穆，我还是很喜欢。银行每年都会庆祝圣诞节，并且送礼物给员工的子女。总之，我感觉那似乎是非常友善的地方。

我大一点的时候，我父亲向我吐露，对他而言，银行代表的并不是信任。因为银行以某种方式组织起来，好让来存款的客户无须信任眼前收钱的个人。一般来说，如果你把钱交给某个人，你会希望那个人你能信得过。然而在银行里，你所交付信任的对象不是一个人，而是一个组织、一个行政体系、一个制度。

但那些年，银行仍是我游戏和探索的安静场所。1978 年，我父亲第一次给我看了一则电报。他向我解释，那跟电话一样，可以通过它下订单和进行电子交易。计算机出现之前，银行的所有交易都是人工完成的，月底时，父亲甚至要工作到午夜才能回家。他必须加班才能顺利完成结账作业，少了一分钱都得找回来，重新计算一遍。那是一份辛苦、细致的工作，因为失误的风险很高。随着计算机的发明，情况开始发生变化。科技令我着迷，20 世纪 80 年代，刚刚进入青春期的我，开始玩雅达利（Atari）公司生产的游戏机，并开始使用由辛克莱（Sinclair）和康懋达（Commodore）公司初期生产的计算机。

随着我逐渐长大，我的父亲让我接触了他工作的其他方面。他描述了自己如何管理股票投资组合，如何运作银行各类产品。他向我说明“四只眼睛”的原则：两只眼睛用来检查，另外两只眼睛用来监督。他向我解释一家投资银行的运作方式，叙述意大利商业银行为蒙特卡洛建在海上的新区域——芳特维耶（Fontvieille）高科技区，今日新足球场的所在地——管理基金。办理该业务时，他曾亲手握着一张 10 亿法郎的支票。

之后，第一代计算机网络诞生了。银行的主机位于巴黎，数据分散到银行位于各处的分支机构。父亲对我说，为了盈利，系统必须涵盖银行的所有分支机构。因此，为了省钱，管理层决定关闭一些分行。这个决定令父亲感到不解，同时他无法接受蒙特卡洛的分行——最赚钱的分行——必须为其他分行做出牺牲。

通过父亲的描述，我了解了法国和蒙特卡洛之间的差异，还有一般的国家和避税天堂之间的不同。他告诉我，蒙特卡洛每位投资顾问经手的金额，甚至比法国单一银行经手的总额还要多。密特朗刚上任时，将资金总额超过一定规模的银行收归国有。父亲说，蒙特卡洛的任何一位投资顾问管理的金额都不会低于那个数字。这意味着，在法国被视为大单位的银行在蒙特卡洛根本不算什么。于是，我开始觉得我的国家与别人的国家有所不同，特别奇怪。而且，以一个小男孩的角度，我将这一切都想象为兰尼埃亲王的功劳，想象他必定是个举足轻重的大人物。于是我下定决心，有朝一日我也要为这样一个强有力的男人效力。他办得到的一些事情，是连像法国那样的大国都办不到，甚至无法想象的。

意大利，另一个世界

在蒙特卡洛的童年是不寻常的。你会跟亿万富翁一起长大，在街上遇见他们，和他们一起上学，王子和公主成为你生活的一部分。我和阿尔贝亲王上同一所大学，跟一级方程式赛车手吉尔·维伦纽夫的女儿一起上学……此外，还有一些渔民的儿女和比我穷的人。而边境的那一边，有法国或意大利之类的普通国家。

我的故乡在意大利托斯卡纳的锡纳伦加。我们经常去探望居住在那里的堂兄弟们。在那里，意大利和蒙特卡洛之间的差别会跃入眼帘。比如说，我发现，在蒙特卡洛连民主制度都是怪异的。我们有市长选举，但总理是法国人，警察也是。

摩纳哥之所以存在，是因为它与其他国家签署了某些协议。它的面积与梵蒂冈相当，不算是一个真正的国家。大多数的蒙特卡洛人并非摩纳哥公民，只是居住在那里。真正的摩纳哥公民只有 5 000 人。即使你的父亲、祖父和曾祖父都在那里出生，你仍是法国人或意大利人，或拥有法国和意大利双重国籍。

上学之后我才知道自己不是摩纳哥公民。开学第一天，有公民身份的孩子的名字会登记在一张粉红色的纸上，其他孩子的名字则登记在一张白纸上。因此，我意识到摩纳哥人和其他人之间存在区别。如果你不够富有，几乎是不可能成为摩纳哥公民的。想要成为摩纳哥公民，我的曾祖父母得提出申请，而我也一样。矛盾的是，即使我的父亲已经获得公民身份，那个身份也无法传承给我——我会是一位摩纳哥父亲的法国籍意大利裔儿子。

蒙特卡洛的大街小巷里到处是银行招牌。我回托斯卡纳度假的时候，可以自由自在地在广场上玩耍或半途停下来吃个冰淇淋，这一切令我感到好不真实。老年人和年轻人总是待在一起，社群间存在着一种我在蒙特卡洛未曾见过的凝聚力。没错，摩纳哥公国那里有海，我可以到海边捉鱼……但我总有自己是勉强被接纳的感觉，在那里我从未被当作一个真正的国民来看待。

成长的过程中，我试着在自己周围倡导锡纳伦加的小区精神，尤其是通过运动。对我而言，运动一直具有很重大的意义。在蒙特卡洛，我趁着午餐时间练习划船——我喜欢大海，喜欢享受划船时阳光和风触及我身体的感觉。在日内瓦的时候，我把握每分每秒的闲暇时间去游泳池游个泳或去骑骑自行车。我被关在西班牙监狱里的时候，会去跑步，也曾拿水灌满塑料汽油桶自制哑铃来练习举重。获释之后，我立刻开始练习巴西柔术和美国海军陆战队用来锻炼身体的高强度运动 CrossFit。我常常在护卫车的护航之下，在马德里街头夜跑。待在巴黎的时候，我以滑板车代步。

运动让我觉得自己不受限制，帮助我克服恐惧，包括担心自己会失去一切、失去家人、丢掉性命的恐惧。因为运动时，人会将受伤的可能也考虑进来。对我而言，运动是一种理解生命的方式。

许多秘密和金钱的守护者

八九岁时，我开始知道金钱是一卡车一卡车地运抵蒙特卡洛的。

法国人担心密特朗会得势，于是把钱运到摩纳哥。黎巴嫩爆发了战争，富有的家庭纷纷来我们这里避难。我的同学中有许多中东血统的孩子。此外，还有银行家的孩子和大企业家的后代，比如方斯托家族，这个在摩纳哥富有程度排名第二的家族。

我也听说过黑手党来摩纳哥存款的传闻。大家都知道有那些钱存在，但未见到一把手枪，缺乏证据。我的父亲没能给我满意的答复，有些事情他不喜欢解释。关于银行客户的事，他绝口不提，因为这是他必须遵守的基本规则之一。

我渐渐明白，保守秘密的用意与其说是在保护客户，不如说是在保护银行。举例来说，有一次父亲告诉我，有位寡妇落得一无所有，因为她丈夫在过世前没有及时签署所有银行文件。在这种情况下，这位客户如果想拿到属于她的钱，唯一的办法便是背着银行伪造文件。银行对此毫无通融之意，即使只缺一个签名。我也从这件事了解到，白纸黑字的签名，是根据权利提取属于自己的金钱的唯一途径。

有几次，意大利人也络绎不绝地涌向蒙特卡洛，比如在 20 世纪 90 年代初侦办“净手案”的时期。

举办一级方程式大奖赛的那几天，我父亲和他的同事们总是被成堆的金钱淹没。他们收到一箱箱行李，里面塞满了有待盘点的现钞，银行里是满坑满谷的现金。蒙特卡洛是资金的入口港，因为所有人都知道，这是一个受到先进系统保护的安全地点。

即使是对于我们，蒙特卡洛也是极为安全的地方。当我要求母亲允许我去尼斯时，她看着我的神情，让我感觉自己提到的仿佛是个蛮夷之地。我们脑子里有种固有的成见：在蒙特卡洛以外，其他地方的所有人都载浮载沉，过着某种不安全的生活。而我们很安全，有我们的王子和稳定的经济状况，在一个安静的国度里生活。这是一个没有任何变化的地方，一切光怪陆离的事只会发生在外面的世界。如果外面的世界出了差错，我们还会感到庆幸，因为他人的不幸会为我们带来金钱和财富。

当然还是有例外，特别是有个意外令我分外震撼。我们有一位邻居，据说他是为密特朗管理资金的地下管理员。他住进了我们家之前所居住的房子，在我 12 岁那一年我们搬到了楼上。有一天，这个人被发现死在他的车里，地点是蒙特卡洛附近的一个小村庄。根据官方的说法，他举枪自尽，但有人怀疑是他杀。从那一次的事件开始，我意识到金钱可能意味着死亡。

赌场与脏钱的流通

后来，我决定给自己找份工作。大海是我的最爱，因此，我的第一份工作就是在游艇上为一位富有的美国人效力。这位富商出售石油开采技术，他主要的业务对象是苏联。那是 20 世纪 90 年代，柏林墙已倒，不久之后苏联也解体了，但这位美国富商已经赚够了钱，因为他早在多年前便与苏联签署了协议。他患有皮肤癌，有一位年轻的妻子和一艘以她的名字命名的游艇。我在游艇上工作，负责补给船上缺少的一切，满足游艇主人的所有需求。我们在地中海的各个港口间巡游，对于这位百万富翁而言，这么做主要是为了有机会展现自己的生活水平。富商和他的朋友——其他游艇的主人——总是在相同的时间出现在相同的地点。如果其他人在撒丁岛的切尔沃港，我们也会去那里。

我对俗世的风花雪月不感兴趣。我有我的书和音乐。不论是爵士乐、流行乐、歌剧还是古典乐，音乐向来是我人生的底蕴。在蒙特卡洛时，我一个星期会去唱片行两次，选购要买回家聆听的唱片和 CD。一直以来，有几首歌就像是我人生的配乐，如 Jefferson Airplane 乐队的 White Rabbit 和妮娜 · 西蒙（Nina Simone）的 Feeling Good 等歌曲，直到今天仍陪伴着我。

我是船员当中最年轻的，夜里，我是唯一留守在船上的人。我独自一人待在船上，心里很平静。那时，我已经养成了至今深信不疑的观念，即“知识高于一切”。也因此，我喜欢跟长者谈天。我们的船长来自卡拉布里亚，其他人大多是来自西西里岛的渔民，他们冬季在渔船上工作，夏季则负责打理美国富人的游艇。那艘船有点像是蒙特卡洛的缩影：渔民和亿万富翁一起生活。

我开始到尼斯大学修习数学和物理等课程，做了许多不同的兼差。21 岁时我开始在赌场工作，我想自己赚钱养活自己，而赌场的工作让我得以白天读书，晚上工作。在蒙特卡洛，这样做是行得通的。起初我担任保安，负责跟几个巡察员和退休警官一起监控赌局。他们当中有许多人还不到退休年龄，来蒙特卡洛打工是为了贴补家用。从他们口中，我第一次听闻因为摩纳哥公国不配合任何司法调查，所以在公国里进行调查极为困难，回收脏钱则非常容易。多亏了他们，在那 6 个月里，我了解了赌场里较为隐秘的活动。我能够想象与避税天堂对抗意味着什么。

赌场的内部有一种名为 Smar（Societe monegasque d’avances et de recouvrement）的银行体系，其职责在于为最富有的客户提高信用额度。

客户无须提供任何担保，经理便会为他提高信用额度。大笔的金钱以面额 10 万、20 万或 100 万法郎（换算成当时的里拉，相当于 6 600 万、1.2 亿和 3 亿里拉）的支票形式预支给客户。额度取决于客户的忠诚度和财力。当然，这些钱是要拿到赌场里当赌金的，是为最死忠的常客专设的促销手法。赌场内部的银行也可为常客减免债务，以鼓励他们继续下注，一旦客户有钱可花，他们就会回头继续下注，因此最终而言，赌场仍能获利。

当了 6 个月保安之后，我开始为 Smar 效力。是的，正好是 Smar。当时这家赌场的内部银行尽可能地低调作业，因为在那之前，某些洗钱丑闻刚被公之于众。上班第一天，我在更衣室换衣服时，同事们便告诉我，40 年前，那些一时想不开、等不及出赌场便自我了断的客户遗体，会被放到这个更衣室里。幸好我没有亲眼目睹这类事情，但惨案仍时有耳闻。

夏天的时候，赌场会在体育俱乐部开设分部。在那里，有位名为罗宏的企业家在一个周末就输掉了 700 万法郎。他已经赌了很多年，可是受到那次打击之后，他再也没有现身，不久后便一命呜呼。

有些人用更多的哲理看待此类事情。一天晚上，一位意大利著名歌剧演唱家持续每局下注 1 500 法郎。接待这种客户，如有必要，赌场通宵营业也没有问题。玩着玩着，演唱家在一台老虎机上一次输了 150 万法郎，那台机器提供的奖品包括市值 100 万法郎的钻石。在凌晨 3 点 15 分，她赚了 90 万法郎。此时她收手不玩——她之前输掉了 150 万法郎，现在赢回 90 万法郎，因此，整晚结算下来是 60 万法郎的亏损。尽管如此，她给出售筹码给她的工作人员留下了 9 万法郎的小费。

大多数赌客往往激起我很深的悲悯，他们孤注一掷赌上所有身家，然后输光一切。好不容易又积攒了足够的钱，他们会再次回到赌场试手气，接着再次输光。他们的人生就这样毁了。而赌场呢，总是获利的一方。具体的收入根据游戏的类型而定，但赌场稳赚不赔。

一些在保安部门工作前法国警官和前法国海关人员，向我提到某些与犯罪组织关系匪浅的客户。比如说，有一位每晚下注上百万法郎而且小费给得很大方的俄罗斯人。有一天，有人发现他已一命呜呼。大概是他杀吧。

我了解到，如果赌场雇用了私德败坏的员工，此处便会成为洗钱胜地。除了房地产公司和律师事务所之外，赌场也可以成为地下资金涌入的门户，这也是因为检查把关往往防不胜防。

在这里，监控工作被委派给所谓的赌区经理（pit boss）。每张赌桌都配有一位赌区经理，他们必须向内部银行传递每位赌客赢了或输了多少的信息。如果赌区经理有贪污行为，赌桌这儿便什么都可能发生，因为赌场本身没有预设金钱的检查制度。赌客将空白支票交给银行作为保证，银行便会授予客户更高的信用额度。赌了整晚之后，支票要么撕碎作废，要么填上赌客输掉的金额。

在内部银行里，信用额度和客户的债务状况登记在纸上，根本无从监督检查。而只要 Smar 的员工同流合污，便可以洗钱。举例来说，如果有个客人以 100 万瑞士法郎的赌金参加赌局，并且赢得了同样多的数目，他便拥有可以申报资金来源的 100 万法郎。隔天，如果同一位赌客输掉 120 万瑞士法郎，最终的结算是，赌场赚了 20 万瑞士法郎，而客户手上则有“干净”的 100 万瑞士法郎。也就是说，客户支付 20 万瑞士法郎来回收 100 万瑞士法郎，代价只有本金的 20%。洗好的钱便交由 Smar 转入客户在其他银行开设的账户。显然，银行体系内的共谋是洗钱的先决条件——客户知道体系内的某人能确保他以低于 20% 的成本，清洗 100 万法郎的黑钱。

这就是整个运作方式。如果你可以控制额度，那么你也可以删除它们。洗钱并不困难，最重要的是，不要被查出来。由于不存在任何检查机制，一个人可以不着痕迹地为所欲为，根本不需要研究出复杂的机制。最简单的解决方案往往也是最有效的。

受聘于汇丰银行，了解销毁记录的制度

我在赌场银行工作的那个时期，数字化在世界上开始发展。赌场的管理层想要更有效地监控客户的行为模式、他们光顾的频率、赌注的金额，并想建立会员制。这个项目激起我很大的兴趣，于是我决定把学习方向转向应用数学，并转至计算机科学与工程系。

那是 1998 年，我已经在赌场工作了 8 年，也参与过几个项目。一些教授注意到我的才能，把我介绍给其他人认识，而那些人派给我其他的工作。直到有一天，其中的一个人告诉我，他听说蒙特卡洛的汇丰银行正计划建立一个研发部门，他们需要一个熟悉银行运作方式的计算机专家。我上门应聘，然后，他们向我说明了整个项目。虽然我从未在任何真正的银行里工作过，但我的专业知识加上我在赌场内部银行里所累积的经验，让天秤偏向了我这一方，他们录取了我。

汇丰银行在摩纳哥的分支机构违反总部的意愿，独立行事。我在 2000 年负责的第一个项目是一个监控检查各项交易的程序——为了监控操作股票买卖的员工，必须对交易室中所进行的交易加以检查。

我再次见到了小时候父亲向我描述的那些情况，我很惊讶地发现，尽管已经过去多年，一切却丝毫没有改变。银行仍沿用相同的制度，唯一的差别是，在这个网络时代里，所有人都想应用更多的科技，只是他们仍在使用 20 年前的软件。我似乎回到了从前父亲工作的地方，各种回忆涌上心头。

在完成最初的几个项目之后，银行开始将一些较为敏感的项目分派给我。其中有个项目是将所有敏感的数据制作成册，这样才能确切知道这些数据的存储之地。我持续负责处理这一类程序，直到有一天，我被调去处理有关银行交易检查的一个项目，这是我在银行里第一个重要的项目。我跟两位同事一起将银行的工作程序自动化，在那之前，一切都是纸上作业——银行的一个部门若需要把事务数据转给另一个部门，得派人亲手将记录递送过去。

我设计了一套数字化的流程，可以将负责最重要客户的投资顾问下达的指令传至对这些指令进行分类的中央办公室。这样的系统让一天之内操作的次数倍增，并让银行可以避免史蒂文·特罗斯（Steven Troth）之类的弊案。这位汇丰银行蒙特卡洛分行的经理于2001年被逮捕，因为他从银行客户那里窃取了数百万美元，将赃款转至瑞士账户，并利用部分款项购买别墅与奢侈品。他被逮捕时，仍经手管理一个10亿欧元的投资组合，其中包括一级方程式赛车手舒马赫的1 000万欧元，舒马赫也是此案的受害者。特罗斯发明了一种类似庞氏骗局的手法：如果有客户要求领回先前托他管理的款项，他便从其他客户的账户中取款支出。他就这样拆东墙补西墙，直到东窗事发。

后来，我投入其他信息系统的设计工作，例如开发信用额度的授权系统。我开始与一些在日内瓦汇丰银行工作的工程师有所接触，这些人邀我参与了一些涉及整个银行集团而不只是蒙特卡洛分行的项目。我的上司得知我同时为日内瓦的汇丰银行工作，不太开心，但他们也认识到，他们也许可以借此对银行高层的状况有较多了解。

因此，2002年年底，我与日内瓦汇丰银行的技术人员开始合作，尽管如此，我仍继续住在摩纳哥公国。这个状况持续了两年左右，那时，汇丰银行打算要开发一个追踪监控交易记录的系统，也就是我当初在蒙特卡洛分行亲自参与的那个项目。他们挑中了我和当初强烈支持那个项目的分行运营总监。对我来说，这意味着通勤路线的改变——整周我都待在日内瓦工作，周末才回家。

这就是日后被称为“战略计划”的项目，而我是参与这个项目的 200 名员工之一。我的到来引起了一些摩擦，有人很乐意见到我被调到瑞士，也有人不太高兴。

他们将一个极为敏感的项目交给我，该项目与邮寄账单明细到客户住处有关。这个系统一方面允许我们追踪所有交易异动，并修正任何账户里的资金错误，另一方面又有很高的风险，因为被授权操作它的任何人都能擅自编辑或删除数据。也就是说，我们要从一个一切都被记录在无法动手脚的硬盘上的旧系统，过渡到一个可以随意更改的新系统。好吧，如果确保操作的可追溯性对于银行而言是至关重要的，那么，确保这些记录不被窜改更加重要。客户需要透明的保障。但汇丰银行已经选择了改变，这是一个策略性的决定。

我当然有自己的困惑，于是我去找信息部门的经理，他向我证实事情的确如此，这是银行集团的决策。

我们只能奉命执行，但从一开始，我们便决定表明自己反对此种做法的立场。那时，我们要求在投入开发新系统之前，先由在银行工作的 IBM 开发人员进行一次企业财务评估，以让我们原本就已经看出来的问题浮出水面。结果，只有关于财务报告查阅方面的某些不足获得改进，改变微乎其微。

一切经过精心策划，就是为了让检查工作变得困难重重，变得几乎不可行。银行唯一在意的，是如何保护客户的身份。

矛盾点比比皆是：进入系统的权限被设下层层关卡，但不同系统间的通信线路并没有加密，基本的安全守则往往不被遵守。最重要的是，现在，银行内部某些人只要通过计算机的一个简单指令便可以做出取消的动作。这才是真正的问题所在。

1.3 汇丰银行的两个灵魂

内斗

在日内瓦，汇丰银行的信息部门分散在几座建筑物里。我的办公室位于车站附近，在洛桑路上一个名为天鹅（Les Cygnes）的综合设施中。有好多年的时间，我在这个地方和蒙特卡洛间往返，直到后来“战略计划”项目团队正式成立，我才搬到瑞士定居。那时，银行任命了一位新的董事——一个没有人知道他来历的英国人——负责管理这个项目。

作为“战略计划”的分析师，我主要负责的是团队管理和数据文件的管理。我领导一个 100 多人的团队，大约有 80 个技术人员负责处理服务器和计算机，其他开发人员则散布在印度、中国、爱尔兰等国。

我刚到日内瓦时，地位很不确定，因为我原本应该负责的项目——“工作流”（Workflow）——不久之后被取消了，至少表面上如此。那是 2008 年年初，当时汇丰银行下令所有的 IT 项目暂停 8 个月，我们的项目也包括在内。这形成了一个僵局，银行的两个阵营产生强烈冲突，两方各自主张不同的发展方向，彼此不断斗争。

有一方主张“改变银行”（Change the Bank），我所隶属的“战略计划”便属于这个阵营；另一方主张“经营银行”（Run the Bank），他们赞成参考银行投资顾问的意见进行一些小的变革，但主张沿用原有的经营模式。在日内瓦约有 200 名银行投资顾问，其中 50 人实际上从事管理工作。

“战略计划”设立后，汇丰银行的高层出面保证银行营运将一如往常，以短期项目为主。

“经营银行”阵营的成员，是一群以法国商业信贷银行（CCF）前董事为首的计算机专家，CCF 为汇丰银行所收购。讽刺的是，我负责的前几个项目之一，便是把 CCF 整合到汇丰银行。“经营银行”阵营的负责人与银行经理和投资顾问彼此保持着联络。

他们一起决定要对信息系统做哪些局部的变更，并试图找出能够配合投资顾问工作的方式，而没有涉足我们的“战略计划”项目所做的一切。事实上，“经营银行”阵营的负责人总是以一种反对的姿态与我们的立场相左，最后，两方关系终于决裂。在启动四年后，“工作流”（Workflow）项目终止，这是因为作为一种监控之眼，这个项目让投资顾问的工作受到监督，有利于内部监管。

“经营银行”阵营的主管任意地修改软件，以保证他们可以直接进入所有系统。一个信息系统里敏感的数据，可以在很短的时间内被更改，而不需要经过任何的检查。“改变银行”阵营的人以合乎程序的方式工作，但“经营银行”阵营阻碍我们的工作，他们在我们完成整个项目前将项目占为己有，并为己所用。他们有全部的投资顾问作后盾，投资顾问督促他们改变体制，以服务特定类别的某些客户。而他们直接动手，不用通过任何程序，因为当时所有手续都可以自动完成，不必在系统中安装新功能，更不需要事先定义一个项目或策略性的计划。

正是这种混乱的局面，使银行不得不强制停止项目，但为此付出代价的却是我们，“战略计划”项目团队遭到重组，然后被撤销。我继续处理敏感的项目——一个涉及银行在外汇和货币市场的交易的项目。

该项目的目标是让货币市场的产品销售更有效率，以及在客户和市场间建立更直接的联系。我关注的是加强新系统的检查功能，提高其安全性。我也向位于中国和印度的开发人员再三强调，确保他们不会忽视这一点。

我必须确保一切顺利进行，因为当时我们正处在最水深火热的金融危机中，还有数十亿笔有待进行的交易。

我还记得 2008 年的一个周末，当时我们正准备面对接下来的星期一。全球在那一天即将进行 60 亿笔信用违约互换（CDS）的操作，这项操作可以确保一个国家任何公司及其他机构不至于面临破产的风险。当时，信用违约互换已是国际金融危机的焦点，银行因此动用了专家去监管此种情形。凌晨 4 点钟，我还在办公室里不断与操作员和管理人员联系，以确保一切准备就绪，足以应付接下来的几个小时。这时的我已经了解到，在银行界，一个微小的细节就足以让事情面目全非，一个最简单的操作就能让客户失去所有金钱。

缺失的监控

有一次，在我们喝开胃酒时，一位投资顾问向我透露，银行要求他调查一位存款 200 万瑞士法郎的企业家名下的公司是否真实存在。法律部门的负责人希望能拿到一张工厂的照片，以确保该企业家不是在洗钱。但该投资顾问告诉我，他将置之不理，而是去米兰看一场足球比赛。

这就是当时投资顾问的思维方式。那些年里，人们不太关注逃税的问题，对于避税天堂所扮演的角色也没什么概念。延续这种不受监控、不留痕迹的工作方式，是银行所乐见的。因为如果一个人没有留下任何痕迹，他干的肮脏事便不会有东窗事发的一天。即使在经济危机肆虐的今天，也很少有人质疑过这个问题。

监控的缺失导致有罪不罚成为常态，银行只需对自身负责。如果你是看守融资大门的人，而且你知道国家司法部门不会检查你的所作所为，那么，你只需要有不在场的证明即可。举例来说，你可以宣称自己不知情，不知道你的客户是个独裁者，不知道他无权在他的国家之外拥有那些财富。你会说，你只是一名投资顾问而已。再比如说，某国的一位部长拥有他所在国家最大的石油公司，你会声称，法律并未禁止他的儿子成为银行的客户，至少在他被判为罪犯之前是这样。

这就是当时发生的一切，投资顾问原本应当评估每一位客户的信誉，并向银行报告其风险。但监督根本不存在。投资顾问享有银行的支持，没有被人检举的风险。

在瑞士找工作，必须请前雇主帮忙写一封推荐函，否则没有人会给你一份新工作。如果你卷入了某个丑闻，或者你检举了你的公司，那你就玩儿完了，再也无法找到工作。这就是为什么从来没人敢举报瑞士的银行里所发生的一切。如果你由于某种原因失去了工作，不能大肆张扬，为了找到一份新工作，你的一言一行、一举一动都必须极其小心谨慎。而最不可取的规定，便是员工被禁止举报自己的公司。这项禁令阻碍了员工诉诸法律的任何可能。恫吓是使人沉默的最佳手段。

奖励逃税者的法规

同为避税天堂，日内瓦却与蒙特卡洛大不相同。在蒙特卡洛，我跟亿万富翁还有那些收入微薄的人比邻而居。而在日内瓦，富人不会跟穷人混在一起。这种差异也反映在银行的运作方式上，银行里的每个人始终从事同一项工作，如此一来，每个人最终都只了解汇丰银行整体业务当中的一小部分——这便是所谓的“拼图逻辑”，与我父亲那个年代的情形恰恰相反。

不去思考计算机屏幕后面究竟发生了什么事，这也是当时另一个普遍的取向。我的父亲曾经教导我，在银行里不可能存在信任，但在日内瓦，每一个人都拿出了全部的信任，他们从不质疑银行组织的任何行动。没过多久，我便意识到自己来到了一个完全不同的世界。公司各个部门就像是一些互不相通的水塘，某一部门的员工对于其他部门的人在做些什么一无所知。但我的工作不一样，为了了解任何一个微小的变动会带来哪些后果，我必须了解银行里所有的系统。

2004 年以来，我持续与那些对自己所作所为一清二楚的人相抗衡，他们对于银行的真实情况心知肚明。这个战役里，争斗的两方彼此在暗中不断较劲。

离开蒙特卡洛前往日内瓦的不只我一个，我知道瑞士还有其他人支持我的变革计划。

总之我并不孤单。我们被势力强大的集团打压，那些人不愿改变现状，反对加强银行管制。尽管如此，我们非常清楚，若要提高安全性，就得重新启动我们当初在蒙特卡洛展开的“工作流”项目，这不仅仅是为了给客户提供更大的保障，更因为无人监督银行等于无人监督融资。就像赌场里的情况一样，由于缺乏有效的监控，赌客能以 20% 的佣金作为交换进行洗钱活动。

好几兆的资金经由银行流通，这些资金与贩卖武器、石油买卖、政治贿赂和黑手党资产有关。位于避税天堂的一系列公司或者一份供应武器的合约不会偶然产生。这些事件背后必然有其来龙去脉，以及一连串精心策划。我们非常清楚这一点，也知道汇丰银行是世界上数一数二的大银行。我们知道自己会与组织严密、意志坚强的对手发生冲突，触及其利益。

2005 年，《欧盟储蓄指令》正式生效，这份指令对欧盟各国的自然人所拥有的银行存款征税。每家银行皆须向其他国家的税务机关通报非该国居民客户的账户金额。这项指令的不寻常之处在于，其规范对象只限自然人，对那些以公司的名义开立的账户，银行并没有义务通报。

在这项指令生效前，我负责过一个与之有关的项目，那时，我便清楚了解到，银行唯一关心的是保护所有客户，包括那些欺瞒税务机关的客户。以前，银行的武器只有银行保密制度，如今，还多了这项有利于逃税者的欧盟指令。想逃税的人只需在某个避税天堂成立一家空壳公司，再以公司的名义开立账户，便能逃避纳税。真相昭然若揭，政客之所以会制定并颁布该法令，正是为了有利于银行家和所有信贷机构，好让他们向客户推销新产品和新服务。此类事件已不是第一次发生，但对我来说，这是压垮骆驼的最后一根稻草，我因此开始试图改变这个制度。

在之前的职业生涯中，我认识了一些与秘密情报机构有接触的人。我在蒙特卡洛赌场保安部门的前同事们，曾向我描绘秘密特工所扮演的角色。我们相约见面，一起思考可以做些什么，我们对这场比赛的重要性了然于心。这个放任那么多人肆无忌惮地逃税的体系，也许我们能设法颠覆它。根据多年来积累的经验，我分析我们应能取得一些证据，揭露这个银行掩护的巨大骗局。但那之后呢？我可以把证据交给谁呢？

银行存在一套帮助客户逃税的制度，而我想将这些证据弄到手。我寻思要怎么做才能掌握证据，以及我应把证据交给哪些人。当时我在一些共事者的帮助下，在自己的专业领域有所成长，这些人大多是律师和海关人员。他们所有人——其中包括几位与我有接触的银行经理——一致认为我们必须改变一些事情。

汇丰银行拥有世界上最大的私人计算机系统。2007 年以前，汇丰银行在各种开发项目上投入了 1 亿欧元，并于 2014 年增加了 2 亿欧元，而法国、意大利和西班牙等国调查机构手里的资源却寥寥无几。汇丰银行内部赞成变革的人和希望一切维持不变的人之间仍然持续内斗，即使他们已不再通过“改变银行”和“经营银行”两大阵营进行斗争。汇丰银行耗资数百万欧元中止了“工作流”之类的项目，并阻止像我这样想改善银行组织的人。

暗号命名与秘密会议

随着《欧盟储蓄指令》于 2005 年生效，我们掌握了足以证明银行任意操纵立法的具体证据。我们相信，将这些信息交给不同国家的检察官，把一切公之于众的时候到了。这之后，司法机关会设法将它们取得的证据传递给包括税务机关在内的其他主管机构。

这是我们的主要目标，但我们立刻面临一个极大的问题：在欧洲，引起一个国家关注的可能性微乎其微。时至今日，想要举报在工作场所发现的犯罪行为，仍被认定为违法。美国的法律设有协助并保护“吹哨人”（whistleblowers）——举报一个机构的非法活动的人——的措施，而在欧洲只有黑手党的叛逃者享有此种保障。

在金融界，不存在此类保护措施。

法国的调查人员中有很多人不同意萨科齐总统废除海关警察的计划，正是这些人给了我所需的一臂之力。我们是为了相同目标而努里的一个百余人的团队，团队中只有十几个人在银行里行动。我们都知道，如果行动走漏了风声，不管在工作中还是生活中，我们都必须承担灾难性的后果。因此，我们聚集在一起审视了整个状况，试图了解我们的优势何在。

我们做出决策，认定可以在法国或意大利采取行动，尽管我们都知道，永远不会得到两国政府的帮助。行动并非易事，必须一而再再而三地试探。举例来说，在意大利，调查人员可以做的并不多，虽然存在一个反黑手党的调查机构。纵使意大利司法具有独步欧洲的机构以及专业法官，也会因意大利的法律非常复杂而受到限制。我们知道，不能向意大利的调查人员提供任何数据，因为那些数据不具有成为证据的效力，也无法促进司法机关展开调查。

我们花了整整两年时间进行必要的初步准备。我们得找出银行的运作和贷款及资金的数据之间的对应关系，否则无法向那个世界之外的人——如法官和警察——解释汇丰银行的运作机制。

为了促进司法调查，有必要让检方了解某些情况，但同一时间，对我们展开的活动严加保密也是至关重要的。我们彼此以暗号命名，并极其谨慎小心地互相联络。规则很简单，是那些对抗有组织犯罪的警察和法官传授给我们的。会面或会谈时，我们绝不能携带手机，出行时绝不搭私家车，而应乘坐公共交通工具，特别是火车。

几年之前，也就是在蒙特卡洛的赌场工作那段时间，我初次与团队的成员牵上线。他们当中有几位在摩纳哥公国从事司法调查工作，或与调查人员有接触。在汇丰银行工作期间，我开始与一些负责制定安全守则的专业人士接触。他们当中某些人曾参与调查诈骗了许多银行客户的史蒂文·特罗斯，他们暗中录下特罗斯的通话内容。要构建这类系统，必须有专家的介入。多年前，在银行家埃德蒙·萨夫拉（Edmond Safra）的别墅与蒙特卡洛的银行之间，也架设了一条加密的线路，使用对当时的欧洲而言史无前例的加密系统。萨夫拉是纽约共和国民银行的所有人，该银行于 1999 年为汇丰银行收购。同年他丧命于蒙特卡洛家中的一场火灾，纵火者是他的一名私人护士。

这便是所谓的非正式网络，所有的国家都有，此种网络允许我们进行一些复杂而微妙的操作。比如说，某些记者为警方工作，还有一些记者为情报机构工作。但也有些普通警察、海关人员、金融警察或司法警察以工作为掩护，暗中为秘密情报机构效力。他们不断寻找情报，而且往往得深入银行内部去寻找。

我第一次跟他们接触，谈话的那个人叫保罗。我对他说，汇丰银行里有几个人愿意设法协助我们，而我可以负责组织银行内的工作。他回答说，一旦开始行动，我们就必须遵循严格的保密规定，届时，我们便不能像往常一样见面。我们必须执行更安全的操作模式，以保护那些不应该浮出水面的人的身份，而我们今后会面的人数每次绝不应超过两个人。情报部门与不同的专业人士合作，保罗这位打击犯罪的专家不但非常了解情报部门的运作方式，而且与不同专长的人保持联络。他能发现足以让机密计划翻船的微小漏洞，也了解银行的保密方法。

当我告诉他，我们可以弄到证据，证明各国政府蓄意做出一些危害一般老百姓利益的决策。比如说，我们可以向大众揭露萨科齐为何要将金融犯罪的刑期缩短为一年，以及他为何想废除法国海关稽查部门。最后，保罗同意加入这个计划。他已经认识我许多年了，虽然我和他从未有过特别密切的往来，但他知道我是个谨慎而可靠的家伙。

当时我跟团队的其他成员已经来往好一阵子，我们之间已建立起一定的信任，我们都想将银行里发生的一切公之于众，而共同的目标进一步巩固了这份信任。

因此，我们决定继续向前迈进。那是 2004 年年底，从那时起，我停留在日内瓦的时间越来越多，借此认识新的人，尤其是那些知道如何管理秘密的专业人士。

我们筹划了一些会议，以判断哪些信息是我们所需要的，了解如何获取这些信息，同时找出银行里能助我们一臂之力的是哪些人。此外，我也着手编纂一本手册，以阐明有哪些内部系统可以帮助我们实现计划，以及那些内部系统如何运作。

逃税者的名字

那段时间里，我遇见了几个说法语时带有黎巴嫩口音的人。他们的来历与身份并不重要，对我来说，他们是经由团队的朋友介绍的，知道这一点就足够了，我对团队的朋友十分信赖。我跟他们偶尔见面，而我们始终遵守安全规定，每次的会面人数绝不多于三人。在日内瓦的会面地点五花八门，可能约在公园里、火车上、电车上，在一家酒吧里或一个派对中。最重要的是，必须在公共场所。我们在那里谈话，讨论接下来的行动所需准备的一切，并厘清有哪些银行投资顾问可以帮助我们从汇丰银行的计算机系统中获取有用信息。

我们已经确定将所取得的资料交给法国，因为在那里，我们认识了一些可以帮助我们的人。然而，我们知道，要想引起法国当局的兴趣，必须证明我们手中确实握有客户名单和资料，可证实这些客户涉嫌将钱财从法国带到境外的汇丰银行。简言之，届时得吐出一些逃税嫌疑人的名字。

调查过程中，汇丰银行的客户信息应是容易查证的，而且它们不能只引起司法部门的关注，还要同时引起税务机关和海关的关注。如此一来，即使法国政府出手阻挠，调查继续下去的可能性也会较高。如果调查受阻，那份名单仍可能激起新闻媒体的好奇。总之，我们的想法是，尽可能地散布消息，以提高行动成功的概率。第一步是要联系司法部门，因为法国法院有依法通报税务机关的义务。这也是最安全的方法，如此一来，便没有信息被湮灭的风险，即使我们知道，使出最阴险招数出手阻挠的将是各国政府。

到 2006 年，我们的计划已进行两年多，我们意识到需要一些专家来帮助建设收集和存储数据的信息系统，以提升数据的安全性，对数据进行交叉比对，确保我们收集到所有必要信息。一个团队成员为我引荐了一位我一直在寻找的专家，我们在日内瓦见了面。那名男子并非法国人，他向我解释，我需要的系统将于 2007 年完成。几年后，爱德华・斯诺登也描述道，那段期间，他也在日内瓦工作，设法巩固某些计算机系统的安全性，当时他曾亲眼见到美国情报人员游说一些银行投资顾问与他们合作。

美国人是我们的 B 计划，虽然他们的势力最为强大，可是在当时，他们无法与我们合作。然而，由于我们需要一个信息系统以配合计划的实施，我认识了一些讲英语时带有美国口音的人。他们从未介绍自己是谁，但他们表示愿意与我合作，并向我解释，根据我从银行内部收集的那些数据，能使我们取得哪些成果。我们通常约在日内瓦的酒吧或餐厅见面，对于那些可能令我们身陷险境的事，我们绝口不提。我们假定彼此已经对整个计划及其目标达成共识，将全部精力放到计算机系统以及他们所能给予我们的协助上，研究如何创建一个云端数据库，以及如何从该数据库中调阅那些来自银行的数据。

讨论这些问题是危险的。因此，我们就某个问题做出决定后，便会三缄其口。我们会面时从不总结已讨论过的一切，以防止一旁的人听出我们在讨论些什么。

我们每次都讨论新的主题，从不提及讨论过的事项。团队的所有成员都有一个明确的目标，并只负责处理分派的任务。重要的是，决策者的人数必须越少越好。

我们设法确保这些程序的精确度，以保护整体行动的安全，我们时时留意发生在周遭的一切。我们战战兢兢地监控着全局，因为危险可能来自四面八方。而 2006 年年底时，警铃响起：乔治娜·米哈埃尔（Georgina Mikhael）进入了我们银行。

1.4　陷阱：贝鲁特之旅

红色警戒

黎巴嫩裔的乔治娜来自法国。她曾任职于法国液化空气集团（Air Liquide），该公司与黎巴嫩等中东国家生意往来非常频繁。尽管对银行经济学一窍不通，她仍被分配到了“经营银行”阵营所在的部门。她在办公室里的地位极不寻常。她时常来问我一些关于我所负责的“战略计划”的问题，这让我心中警铃大作。

团队里负责收集银行数据的人马，已向我提过汇丰银行出现了一些可疑分子。他们建议我提高警惕，因为我在计划中占有举足轻重的地位。我必须很小心，稍有偏差便可能搞砸我们准备了多年的行动。

我们选定法国为调查展开的国家，但我们知道，想引起法国司法部门的关注，必须由另一个国家提出申请，而在我们的设定里，提出申请的国家是瑞士。因此，我们得设法让瑞士联邦展开调查，然后把他们诱导到法国。我们的第二选择是意大利。

瑞士人掉入陷阱的概率很高。我们对瑞士人的思维模式了如指掌，知道他们习惯直截了当地采取行动，不会对行动的后果考虑得太多。

调查一旦展开，他们会立刻开始寻找有助于厘清调查的信息，而不会思考那会不会是一个局。简言之，我们下的注是他们在战略性思考方面有所欠缺。到时，他们会要求扣押我们从银行取得的资料，而这样一来，法国法院便能合法地使用我们所掌握的所有信息。

对我来说，最大的顾虑是家人。有好长一段时间，除了来自团队的朋友的帮助之外，我们无法指望任何人，而团队的朋友也只能在暗中支持我们。此外，如果风险太高，我将不得不前往别的国家。我们可以与法国海关、宪兵队和司法机关交涉，但到时候我得亲自上阵。此外，我也不会将一切都透露给这些机构。因为如果他们真的起了疑心，意识到在这个关于汇丰银行的行动背后我们所安排的一切，便可能导致瑞士和法国两国间的外交末日，使得他们停止任何司法行动。

假绑架

乔治娜·米哈埃尔是在2006年年底抵达的。她很关注我和我所做的一切，这是个明确的警讯。那个女人看见并知道许多事情。这也许只是个巧合，但这样的细节不容忽视。她很关注我，会过来找我，跟我说话，邀我喝杯咖啡。她总在我四周徘徊，而且难以摆脱。

我知道她四处向人打听我都做些什么、我目前负责些什么，因此，我们也搜集了有关她的情报。我们发现，她先前曾与黎巴嫩人共事，因为她的祖国是黎巴嫩，她的兄弟在黎巴嫩担任警察，她认识贝鲁特的一位警察局局长。

她并非穆斯林，而是来自一个马龙派的基督教家庭。然而，我们得到的消息往往相互矛盾。

我们还是不太安心，于是决定接近她，以进一步了解她究竟是谁，以及她为何出现在这里。

我向她解释，我负责与数据和数据库有关的技术。我与团队的朋友商量好，对她说我想创立一个专做数据分析系统的公司。我邀请她加入我的计划，并询问她是否可以帮我弄到一个假的身份。为了不让她起疑，我告诉她，由于我是银行的雇员，银行不允许我拥有自己的计算机软件公司。但我想尝试在贝鲁特做生意，我需要另外一个身份，以防银行里有人知道我在做些什么。这是一种试探，我们想借此得知乔治娜是否有弄到假证件的门路。我们决定冒这个险，因为如果她原本就知道我们所从事的一切，这个请求不会让她知道更多，而她的反应会帮助我们看清她的底细。

乔治娜并没有对我的请求感到惊讶，她一口答应了我。我不断试探她，邀她投资，为公司购买一台服务器。尽管与我相识不久，我也没有向她提供任何具体的数据，她仍接受了我的提议。于是，我们决定让她以为我将在 2008 年 2 月成立公司。

但 2007 年夏天发生了几件让我们更加警觉的事。跟我们合作的一位朋友出了车祸，另一位朋友则发现自己被跟踪。这些巧合极不寻常。被跟踪的朋友无法参加我们的聚会，他有一个月左右的时间只得待在圈子外。我们得更谨慎。

我决定给自己找个掩护，我邀请我哥哥加入这个虚假的创立数据分析公司的计划。为了证明我们所做的一切都在阳光下，我跟他一起去了蒙特卡洛的几位律师那里。如果有人已经通过我找出团队中的其他成员，他会发现我们并没有在谋划什么肮脏的阴谋，公司确实存在，而且一切合法。

我原本不想将我哥哥卷入这个计划，因为迫不得已我已连累了我的妻子和女儿，但团队的朋友们说服了我。他们说，如果你一副有所防范的样子，人家便会觉得你在害怕什么。我哥哥什么都不用做，他只需陪我去找律师。我让人帮我拟好了预算，然后用我的电子邮件发送给乔治娜，我告诉她，我找了几位专家，正在商洽当中。这么做应该可以让风头暂时平静下来。

几天后的夜里，我和朋友打完扑克牌回家的路上，一辆摩托车擦撞了我。当时是半夜一点，离我家还有半公里。我差一点没能躲开一辆从我身后疾速驶来的小货车。几秒后，有人抓住了我，一把将我推到小货车后座。前座的那两个人有中东人的轮廓，我没见过他们。其中一个人手里拿着一把枪。我很害怕，完全不能呼吸，因为他们勒住我的喉咙，以防我放声大叫。前后人约只有十秒钟的时间，对我来说却无比漫长。一瞬间，我意识到，如果他们真想置我于死地，大可以直接下手。

相反地，出乎我的意料，他们告诉我不用担心，然后开始向我解释一切。

这是一个由团队朋友们策划的假绑架。为了让一切看起来很逼真，他们得先把我蒙在鼓里。如果已经有人发现了关于我的蛛丝马迹，这类反制措施可以保护我，要是我被警方逮捕，我便可以告诉他们我被绑架，并在违背我意愿的情况下被迫与他们合作。我能以此为借口趁机摆脱各种麻烦。如果那天晚上真的有人在跟踪我，他会目睹那一切，证实绑架案确实发生过。

我在小货车里待了两个小时。那两个陌生人砸毁了我的手机，以证明我的手机在特定时间点中断通信。凌晨三点钟，他们把我丢在离家不远的一个地方。我一路回想刚刚发生的事，花了半个多小时才回家。我很紧张。我下了很大的赌注，情势一触即发。稍有不慎，整个计划便可能前功尽弃。

香港的公司

乔治娜同意购买的服务器要不了多少钱，我之所以向她提出这个要求，是为了观察她的反应。而假意让我哥哥成为公司股东，则是为了迷惑那些暗中监视我的人，并为我所做的事留下具体的痕迹。我用电子邮件将设立公司所需的预算发送给乔治娜。我大可以亲手交给她，毕竟我们在同一栋大楼上班，但我故意用电子邮件发送，以表明我无意掩盖任何痕迹。

乔治娜先前就告诉过我，我假护照上的名字是鲁本·阿希迪亚克（Ruben Al-Chidiak），名字是她选的。她没有向我解释她是怎么弄到护照的，为了不透露太多关于自己的事，我也没有追问。乔治娜知道我在蒙特卡洛的时候跟许多黎巴嫩人一起长大，也知道我在银行里认识很多来自贝鲁特的人。她大概以为，她如此轻易地弄到一本跟我本名不同的护照，我应该没什么好惊讶的。

前往贝鲁特之际，我跟团队的朋友敲定了一些细节，他们给了我一些明确的指示。首先，他们建议我继续为自己的行动留下线索，因为万一出事了，他们能据此找到我。然后，他们再三叮嘱我绝不要随身携带我的假护照。我必须把假护照放在乔治娜那里，以防我遭到逮捕时被搜出身上有假护照，并且因此被扣押在黎巴嫩或遭到勒索。帮我订机票的是我妻子，关于这一趟旅行的一切，她都很清楚。她用她名下的汇丰信用卡支付机票，她也是汇丰银行的员工。乔治娜和我的机票上有真实姓名，这样一来，法国的司法部门能够很容易地查到这些机票，另外也可避免引起怀疑。

乔治娜也印制了公司的名片，她化名为帕洛娃（Palovra），名字是她自己选的。当然，那家公司根本不存在，但我告诉这位合伙人，公司已经正式注册登记，并要她在我们待在黎巴嫩首都期间，安排我们与一些银行代表会面。我想介绍一套可以进行数据挖掘的软件给他们，此类软件能通过传真、电话、电子邮件和互联网来分析银行留下的痕迹。这些痕迹隐藏在深网中，而我有办法让它们再次现形。会面的用意在于启动陷阱，借此促使银行发出警报，连带引发瑞士司法部门的介入。我很了解银行经理们那种有点僵化、主观、容易预测的思考模式，也因此可以合理推知他们即将发出警报。当然，乔治娜对此浑然不觉。

我们首先约定见面的人是奥迪银行（Bank Audi）的董事，也是那些日子里唯一有分量的会面对象，她曾在瑞士工作过，因此很清楚瑞士联邦的现实环境。我以鲁本·阿希迪亚克的身份介绍自己，并向她解释，我们的公司已经开发出一种技术，能够通过传真或电子邮件所留下的痕迹，重建银行客户的个人资料和身份。这位银行董事一阵惊恐之后不断重复说道：不能这么做，因为这违反银行保密条款。而我再三重申这项服务的重要性，因为它可以检测出数据管理可能存在的瑕疵。

那位银行董事不停地说，我描述的一切令她难以置信。但我知道她已经上钩。我给她做了一次简要介绍，向她描述这项技术的运作方式，证明给她看我如何找出银行客户的数据。我还说，我们的软件足以证明信贷机构所使用的系统根本不安全。我以一句铿锵有力的话作为结语，我说：不遵守银行保密制度的其实是你们自己。对于这位奥迪银行的女性董事而言，这是最可怕的指控，此类指控足以使银行家陷入恐慌。由于他们在瑞士境内设有分行，根据瑞士法律规定，就算只是由于疏忽或没有采取必要的预防措施，导致银行保密制度遭到破坏，都得受到法律制裁。

一如我们所预料的，这位银行董事立刻通报了相关机构，也因此引发了接下来的一连串事件，导致后来我的计算机在法国遭到扣押。一旦银行保密制度出现任何风险，所有在瑞士营运的银行都有义务向上通报，而此类事件属于联邦司法部门管辖的范围。

毒药丸

在黎巴嫩，我可能被绑架或被带去询问如何读取云端数据库。星期六早上我们抵达贝鲁特时，便有个我不认识的人来机场等我。这个人交给乔治娜一部手机，而她用那部手机联络了隔周周二负责将阿希迪亚克的护照交到我手上的人。接着，她在几家商店里买了些东西，然后告诉我，我们得去赴一个约会。

我不认得他们带我去的是什么地方。我只记得那里人潮汹涌、生意兴隆，像是个露天集市，而我们的头顶上有一条高速公路。我走在她的后面，接着，几个人猛然将我扯到一旁。我不知道他们是谁，但临行前有人告诉我，如果有人介入我和乔治娜之间，我应该跟随那个人。前来接我的人身上会有标志。这在那天下午按照计划发生了。我跟随那些男子离开，并在半小时后打电话给乔治娜，告诉她我走丢了。她没有看到那一幕，她是后来才发现我不知何时不见踪影。她回答说，我们必须马上去一家法国医院赴一个非常重要的约会。我问那些保护我的人我是不是可以去那个地方。他们说可以，但他们要我保证绝对不再回到露天集市，那里太过危险。

我们在医院跟几个人碰头，其中一个人宣称自己曾为黎巴嫩和其他国家的秘密情报机构效力。我装傻，然后向他解释说，我对银行、信息系统和银行交易有些了解。然后，我突然住口，因为我感觉自己脸色苍白，身体不舒服。在日内瓦时，他们给了我一些药丸，要我在情况太危险时吞下。药性会带来反胃、不适的症状，并持续几个小时，如此一来，我生病的说辞才会显得可信。于是，我向那些人告辞，回去睡觉。

星期一是跟奥迪银行会面的日子。我从他们的分行离开时，不知道那位董事会不会如我所愿地发出警报。我还想跟其他人会面，尤其想跟身为瑞士最大银行之一的瑞士信贷集团的管理者谈一谈，但乔治娜告诉我，我们不会跟他们会面。贝鲁特的人脉是她的，而我一个人也不认识，我没有自己约人见面的门路。于是，我决定继续参与那些已经计划好的会面，但乔治娜取消了那些约会。当时只剩两家银行的约会，其中之一是渣打银行，不过他们向瑞士报警的可能性不大。

在那个周一，或者是隔天，乔治娜带我到贝鲁特的军营，去领取赋予我新身份的护照。那本护照有一个真实存在的主人，换言之，那是一本真的护照，但上面是我的照片。军营里，一位军官要求我在文件上签名，印象中他向我收取了200美元或略多的数目，并告知我，护照将在两天内备妥。乔治娜告诉我，我们得更改出发的日期，才来得及领护照。我回答她说没关系，我们下次再回来拿。我没拿到鲁本·阿希迪亚克的护照，黎巴嫩之行便结束了。虽然我呕吐了10个小时，面容枯槁憔悴，但至少他们没有杀了我。这样就算很不错了。

抵达日内瓦后，我搭出租车送乔治娜回她的公寓。出租车司机是团队的朋友，我们一独处，他便将最近发生的事情告诉我，并说明从那时起我该怎么做。接下来的三个月里，除了法国和意大利的税务机关调查人员之外，我不应该再与任何人会面。

然而，乔治娜以为我们会继续与其他的银行经理会面，或回贝鲁特领护照。她再三告诉我，她已经累积了许多里程数，因此我不用付机票钱。为了摆脱她，我告诉她，除了瑞士的银行，其他银行也可能对我们的技术感兴趣，我请她跟德国的信贷机构联络。如此一来，我们便会留下其他的痕迹，更能混淆视听。要是有其他情报机构盯上乔治娜，可能对我们有用。于是，她将与德国方面联系，而我负责法国和英国的事务。

几个星期后，她告诉我，德国人想见我。她跟他们牵上线，并向他们提到我们公司想销售给银行的系统。我得去位于瑞士和德国边境的博登湖一趟，与德国联邦情报局（BND）的人员会面。她与德国的情报人员牵上线一事并不令我感到惊讶。联络上这些人远比我们想象中要容易得多，只要拿起话筒，拨一通电话给他们即可。就算不在德国也办得到。

就这样，我在她与德国交涉的同时，瞒着她与法国方面建立关系，我分析若是到时我们无法将数据直接交到司法部门手中，要如何让他们自己得到数据。但乔治娜在没有知会我的情况下，擅自采取了一个行动，过了很久，当我已经在法国时才得知这件事。她用自己的计算机发了一封电子邮件，以每个人名 1 000 美元的价格兜售汇丰银行的客户名单。事实上，她手里根本没有任何名单，但由于我曾向黎巴嫩的银行家们提过弄到机密信息的可能性，她大概以为不久之后我便会获得那个名单。

也许是害怕自己被起诉，乔治娜向瑞士法官供称我想要贩卖那些数据。但她的证词并不属实。那是她独自采取的行动，她所发出的电子邮件足以证明这一点。而她也的确在随后的供词里收回了这一说法。

1.5 名单丑闻

最初几次的联络

听从团队朋友的建议，我开始与法国负责侦办高层金融犯罪的司法警察联系，目的在于引诱税务机关上钩。而税务机关的主管官员也的确在 2008 年 6 月找到我。我们先通了电话，然后约在法国靠近瑞士边境的一个村庄见面。

他面带恐惧地问我，我这么做是不是为了钱。我告诉他，我握有许多在汇丰私人银行设有账户的法国人的信息，而我唯一的愿望，便是确保这些信息能被欧洲国家分享。他回答说这一点是可以办到的。因此，我发了一封电子邮件给他，内容是经过加密处理的一些法国籍银行客户的名字，以向他证明信息确实存在。我们约好之后在一家旅馆会面，届时我会给他一张含有其他数据的 DVD 光盘。

根据标准安全程序，一般而言，在这种情况下我不应使用手机，但法国税务人员需要一个方便联络我或追踪我下落的手机号码。于是，我买了一部配有瑞士手机号的手机。团队的朋友只要求我牢记某几项特定的预防措施，嘱咐我前往法国时绝对不要随身携带那部手机。接着，他们告诉我，他们的任务已经完成，要我提供尽可能多的信息给法国的税务官员，并跟他们建立一种互信的关系。他们交给我一枚大小跟信用卡差不多的紧急通话装置，只能在情况危险时用于通话。12 月 12 日，我跟税务机关的人员进行了最后一次会面，我们协商好圣诞节之后再次见面。

我与巴黎税务机关的合作关系就是这样开始的。我知道，如果司法部门采取行动，瑞士方面便没办法阻挠我们收集的那些信息传播开来。

团队里操着美国腔英文的那些成员告诉我，对他们而言，那些资料派不上用场，因为在美国，此类资料并不能作为协助展开司法调查的证据。在云端技术方面助我一臂之力的人向我解释，他们的用意仅止于对瑞士施压。他们手中原本就握有此类资料。

这令我很惊讶。我连他们为谁效力都不知道。我从来没有问过他们是谁。当初，行动刚开始时，我只跟自己熟悉且全然信赖的人合作，后来，通过那些熟人，我才渐渐接触到其他人。那些讲英语的人很有组织，他们知道自己在做些什么。他们花了两年的时间筹划一切，接着在几个月之内准备好所有数据。

将数据存储在云端的想法成形之后，我们便开始寻思究竟哪个国家最适合收到这些资料。

德国这个选项立刻被排除在外，因为德国人会夺走所有的数据，然后让我人间蒸发。他们可能会安排我和我的家人改名换姓，把我们送到另一个国家，使一切就这样画上句号。这不符合我的初衷。我希望世界各国的检察官可以收到这些数据，越多人收到越好。

唯一可行的办法就是让瑞士司法部门到我家来扣押这些数据。

因此，我必须去法国，不求助于任何人而只依靠团队朋友微弱的保护，在那里等待瑞士检察官登门。

生命危险

2007 年，与汇丰银行有关的资料在短短几个月里尽数遭到扣押。

团队的人也跟法国和意大利检察官有所联系，尽管我并未直接与他们交流过。我只跟几个人有联络，但我知道我们这群人背后有一个规模不小的组织。用来保护我们人身安全的基本规则之一，便是我们每个人都只认识团队里为数不多的几个人，尽管如此，我们每个人仍有办法获得任何必要的信息，并确切知道自己的职责。

在银行，几种计算机系统的读取权限只对特定几个员工开放。一旦找出最重要的系统究竟是哪个，以及有权读取其中数据的人是谁，团队的人便会设法接近他们，进而说服他们与我们合作。将数据输入云端的正是这些人，一共有 10 个人左右。

云端系统的使用方法不算难，就像是经由一个允许读取数据的终端进入一个网页。我用一个无线网络 USB 硬盘上网进入云端，这个 USB 硬盘只用于此目的。只要有 Wi-Fi，我便能进入系统，并在里面操作。其基本原理与 BT 档案分享的网络协议程序很相似，是一种用户群的协议程序，用于网络上的档案交换。我们在银行部署的人马将数据包输入，那些数据包再被分割成数千个文件，再依照特定排序方式存储至数千台计算机的内存中。而那些计算机的主人并不知道自己硬盘上存有汇丰银行的数据。

我们设计了一套专门的安全系统来保护云端的登录。我输入一组电话号码，便会收到一个密码。我使用该密码登录，输入系统传送给我的由特定字母以及数字组成的字符串。晚上，我会浏览白天新增至云端的数据。我的任务是验证这些数据，我得去银行请专业人员帮我调阅特定数据，再拿来与云端的数据进行比对。验证是个非常关键的步骤。

我并没有亲自从汇丰银行窃取过任何资料，原因很简单——我没有那个权限。即使我真的这么做过，那也是我开始跟秘密情报人员一起处理那些数据时。直到那时，我才真正违反了银行保密制度。而我是唯一一个能保证信息真实的人。我们来做个荒谬的假设好了，如果明天他们宣称那些资料都是伪造的，并不属实，那么所有调查将终止。被牵扯进来的利益很多，这就是当时乃至之后我的生命备受威胁的原因。

同一时间，调查成果也陆续证实了那些资料的真实性。有许多汇丰银行的客户坦承自己在汇丰银行设有账户，并且确认了账户内的金额，西班牙首先针对几宗逃税案件定罪。

2008 年 2 月，我从黎巴嫩返回后，云端的工作被迫中断。在此之前我们已经收集了总共 800GB 的数据，但我发现法国税务机关所使用的信息系统技术非常落后，这使我意识到，我们唯一可做的，便是利用存储在云端中较为简单的那些内容，也就是其中约 200GB 的数据。其余的一切仍未公开，因为在法国没有人有能力使用它们。

一方是私人银行，另一方是打击犯罪和逃税的政府机关，两者间资源不均的现象在各国都是一种常态。在近年来的经历当中，我亲身体会到法国和意大利等国的司法体系如何利用匮乏的资源艰难地工作。他们根本没有能力管理我提供给他们的数据量。在调查的过程中，各机构并行操作，每个部门各做各的，而且多半是纸质作业，较少使用计算机。

被捕

2008 年 12 月 22 日星期一的早上，我跟香港的开发人员召开视频会议，解释他们能给我提供哪些协助。大约一个月前，我被提拔为技术分析部门的主管，我在汇丰银行的职业生涯也迈入了一个新的阶段。10 点整，我的手机响了。电话的另一头是我的主管。我抬起头，看到他站在门边，示意我跟他走。他身旁有两个人。我立刻意识到，冒险就要开始了。

距黎巴嫩之行已经过去 10 个多月，那次远行的目的正是让银行怀疑银行保密制度遭到破坏，拉响警报。与我主管同行的两个人介绍了自己的警官身份。我马上问他们，是不是我的家人发生了什么事。我的问题让他们露出了微笑，他们回答没有。他们问我几个月前是否去过黎巴嫩，我向他们确认了这一点。然后，他们要我带他们回我家一趟。

我们到家时，我妻子不在，警察命令我打电话给她。我拨了电话给她，她立刻意识到当前是什么状况，她只问我是否还有一点时间可以让她去买女儿要吃的酸奶，仿佛想借此让我明白她很镇定。我告诉她没有时间了，必须立刻回家。她带着女儿回家后，我们坐在客厅的桌边。当两名警察四处搜查家里的计算机和手机时，我和妻子交谈。女儿坐在我的腿上，而我一如往常地用

“darling”唤我妻子。一名警察粗鲁地打断了我，威胁我不要用外语说话。他们拿手铐扣住我，我的妻子抗议说我不是罪犯，而他们回答，这么做是遵照基本的安全程序。

搜查持续了约一小时。将近中午的时候，他们将我带至警局。我一直等到下午 3 点，其间，我睡着了。检察官来了之后把我叫醒，他开始讯问我关于黎巴嫩之行的事。我告诉他，我去贝鲁特一趟是为了拓展信息软件公司的业务，而我在某家银行的总部和人会面过。检察官让我离开时已经是晚上，他们跟我约好隔天早上 9 点 30 分在洛桑的法院见面。当我离开警局回到家，团队的朋友们早已知道了这一切。我只需遵照安全规定行动。隔天早上，我告别了日内瓦。

在法国，确保我安全无虞的是那些在瑞士与我共事的人。我不能打电话给他们，只能在特定的地点——如火车上——与他们见面。当我需要与他们联络时，我必须在指定路线的火车上，于指定地点留下信号。隔天，我搭乘同一列火车，坐在一个空位旁边等待有人来占据那个位子，或站着等人来告知我何时下车，然后在车站里面或外面与自己人见面，或下车后立刻搭乘反向的火车返回出发的车站，并在路上与我要求见面的人交谈。为了防患于未然，我必须出没在有人认识我的地方，或者在许多人经常光顾的公共场所活动。团队的朋友们必须持续掌握我的行踪和我从事的活动，尤其是我们在法国等待搜查的那段时间。等到我与法国税务及司法机关正式展开合作，保护我的工作才被放心地交给法国国家宪兵队的人。在法国，整个行动的运筹帷幄分外艰难，因为这是史无前例的计划。

法国蔚蓝海岸的调查

2009 年 1 月下旬，瑞士警方搜查我家并扣押了我的计算机之后，事情便急转直下。我写信给检察官埃里克·德蒙戈尔菲耶，告诉他我手里握有攸关国家利益的消息，并表明我与他合作的意愿，交换条件是，他们得针对被扣押的计算机中所存储的信息展开调查。

检察官展开了初步调查，并传唤了我。计算机里有 12 000 个在汇丰私人银行设有账户的法国公民的名单。他们要求鉴识科学处鉴定存储在计算机中的数据。鉴定人员的回复是，数据量过于庞大，如果全部打印出来，足以塞满整列火车。法国国家宪兵队认为这些资料至关重要，但除了名单之外，还有很多他们无法解读的信息。

我并未向他们透露云端的存在，与我对话的人压根没有猜到此事。最夸张的是，他们对于银行运作的模式毫无概念，对于银行所从事的各种业务及金融交易也一无所知，简言之，他们无从解读那些信息所代表的意义，因此也不知道如何使用它们。他们的无知并不令我惊讶。在汇丰银行里，有超过 150 种计算机系统，却没有任何文件解释这些系统的操作方式。这些系统并非从外部购入，而是银行内部自行设计与开发的。因此，就连软件使用的语言都不是外界的人所能理解的。

调查人员试图了解文件的意义，但往往不得其门而入。他们想请金融专家加入调查团队，找了一个曾是贸易商却对会计一窍不通的人，那个人只认识某些金融产品，除此之外什么都不会。他们也寻求监督银行的专家的帮助，但那些人不愿涉足此事。他们说自己工作量太大，已承受极大压力。

问题不在于分析这些复杂数据的难度，而在于如何与那些蓄意阻挠真相浮现的势力抗衡。法国政府无所不用其极，阻碍检方展开任何正式的调查，想让调查在初步阶段搁浅，然后无疾而终。他们以这种方式阻止一切，掩盖则是最有效的阻挠。如果有人在寻找真相、在调查，就把他调到其他部门，不让他继续此项工作。因此，不论在何处，特别是在国家机关，愿意承担风险的人少之又少。很多人选择躲开风险较大的案件，而把精力放在那些较安全的案件上，好让自己的事业步步高升，或至少不被连累。后来，法国几乎没有人愿意负责侦办汇丰银行案，司法瘫痪，警察也无能为力，甚至连新闻媒体都遭到监控，因而也不太有意愿进一步了解隐藏在被扣押资料背后的真相。

至于我，曾试着找一份新的工作，却遭遇重重困难。我跟我的妻子老早就做过评估，知道我们靠存款可以撑个一年，但那之后，我便得找份新工作。然而，我应聘的那些企业当中没有一家肯雇用我。最后，团队的朋友——也就是从我在蒙特卡洛时便一直支持我的那些人——对我伸出援手。他们指引我去位于尼斯附近的法国索菲亚科技园研究中心，当时，该中心正在招聘一位专攻人工智能的计算机工程师。但为了得到那份工作，我得预支一笔培训课程的费用。要不是有家人支持，我真不知该如何渡过这个难关。

在跟科研人员合作的同时，我继续处理汇丰银行案的相关事务。与美国之间不能有任何台面上的合作，但我仍在台面下与美国司法部门以及美国国家税务局合作。2012 年 6 月 1 日，在查出汇丰银行为墨西哥毒贩洗钱之后，法官传唤我到巴黎作证，随后美国参议院设立的委员会所做的调查报告也证实了此事。一位华盛顿的检察官听取了我的证词，用以确认法官在调查过程中所取得的一些证据。

与意大利方面的接触，来自法国的阻挠

有一天，美国人告诉我，鉴于法国方面停滞不前，意大利是我唯一可以尝试合作的国家，因为我拥有意大利国籍。事实上，我与意大利之间的合作早已展开。2009 年 2 月，我一边等待着法国宪兵分析我计算机里数据的报告书，一边开始与各国当局接触，以协助他们调查。但一切都必须暗中进行，因为数据尚未正式通过国际司法合作的体系传递。于是，我开始了与意大利人的合作。大体上，我接触的意大利人是一些反黑手党法官手下的财务警察。

实际上，团队里有些负责从日内瓦汇丰银行收集资料的朋友早已与意大利人有所接触，但我不清楚他们牵上的那些关系是否与我在 2009 年开始牵上的有关联。我唯一知道的是，意大利的调查人员真的有意愿使用我能提供给他们的那些资料，对于将钱存入银行的那些黑手党嫌犯全力展开调查。他们暗中使用从其他情报机构得到的机密文件，因为那些资料不能公开使用。多年来，意大利司法部门要求各界提供可用的数据给他们，不仅仅是那些涉及意大利客户的资料，但他们从未得到任何资料。

同时，我也与法国调查人员并肩作战，向他们解释银行的营运方式，特别是日内瓦的银行的结构。他们关注的重点，不是操控投资顾问、中介者、空壳公司或基金会活动的机制，而是估算

出银行客户的财富，以得知他们向税务机关申报的金额和实际财产间的差额。他们侦办的是洗钱和黑手党之类的案件，而非税务方面的违法行为。

与法国国家宪兵队的合作令我筋疲力尽。我抛下了在蔚蓝海岸的家人，去某些安全而偏僻的场所（比如说军营），跟巴黎宪兵队的犯罪科学鉴定人员朝夕相处。每天，我都要花很多时间向他们解释如何解读汇丰银行客户的数据。

调查人员只对那些能构成起诉要件的信息感兴趣。他们手边的工具极为匮乏，军营里只有一台可连接网络的计算机。但工作量已超负荷的鉴定人员连粉刷办公室墙壁之类的事都得亲自动手。当然也有忙里偷闲的时光。2009 年 10 月下了一场大雪，我们在营区庭院里展开了一场雪球大战。我们总是不放过任何一个释放压力的机会。

我在巴黎一直工作到 12 月，其间，许多人无所不用其极地想把调查压下去。法国司法部长米歇尔·阿利奥 – 玛丽（Michele Alliot-Marie）要求德蒙戈尔菲耶将所有证据归还给瑞士，当时，瑞士当局只知道汇丰银行日内瓦分行的七个客户的名字。德蒙戈尔菲耶断然拒绝，并要求司法部长以白纸黑字提出正式书面请求。于是，阿利奥 – 玛丽退而求其次，同意只将我计算机中发现的数据的一个副本提供给瑞士司法机关。法国政府有意归还证据一事，让那些与我共事的宪兵队上校们无言以对，没有人相信部长说的是真的。在那几个星期里，还出现了其他的不利的征兆——法国公共财政总署署长遭到撤换。此外，海关主任即将被扫地出门的谣传也甚嚣尘上。所有的征兆不约而同地指出，有人想将整个调查行动毁尸灭迹。

法国公共财政总署的署长向来很支持我，他曾宣布他会设法不让任何人阻止调查。他知道有关人士不会坐视调查继续进行，而我们得设法让其他国家的当局也参与此事。几个月之后，他遭到解职。

来自汇丰银行的资料里，包含着一些法国政府不希望被公之于众的信息，举例来说，某些信息可能揭发“影子银行系统”在全球金融衰退里所扮演的角色。当今，多数金融交易通过某些设立在避税天堂的公司完成，在那些地方，你既可以控制纳税的金额——往往几乎趋近于零，也可以控制金融产品和服务项目的价格。国际金融体系仰赖此种不透明性而存在，许多政治人物都被说服（或者说被买通）进而支持这种观点。

一般人以为金融是如出太阳或下雨一样的自然现象，一种不受人类控制必然产生的现象。事实上，有一群人想维持既得利益并持续保有凌驾于国家之上的权力，金融业正被他们操控。理论上，国家应是唯一能够监督金融业的一方。警察上街巡逻，国家行使正义，这些都是天经地义的事，但令人不解的是，唯独金融业不受任何监督。放任一个重要且强大的体系绝非偶然，这是一种处心积虑、精心计算的结果。资金并无自主性，而是由某些活生生的人——企业家、金融家、跨国公司经理等——在幕后操控着资金，这些人动用权力对政治人物进行游说与贿赂，而后者掌握制定法律的权力。承受苦果的则是一般民众，可是一般人不知道也不了解，银行与金融方面的规则往往是为了规避义务与监督而制定的。或者，我们可以说，监督其实存在，只是缺乏将监督付诸实践的手段。在缺乏资源的情况下，监督无法实施。

许多人以为金融不影响他们的生活。他们担心物价上涨，却没有意识到，物价之所以上涨，是因为某一条法律纵容企业暗中在避税天堂操控物价。我们若是局限于某个角度看事情，往往无法意识到笼罩并操控着我们的势力。如果某个国家每年有数千亿欧元的资金流出，该国的经济必定深受其害。而一般来说，由于民意代表通过了某些法案，这类资金外流的现象通常以合法的方式发生，后果由一般民众买单。这就是我决定要做点什么试着去改变此种状况的原因。

法国和瑞士间虚假的外交战

法国司法部长想迫使尼斯检察机关将犯罪证据归还给瑞士，首先收到这一消息的是海关人员。根据他们所掌握的信息，这个决定来自法国政府的最高层，即萨科齐总统本人。他的一位幕僚在巴黎见过我的律师，萨科齐从此人口中获悉在我计算机中查获数据一事。

2010 年是法国和瑞士两国之间外交往来密切的一年，而这正是由于汇丰银行案。萨科齐前往达沃斯会见瑞士联邦总统多丽丝·洛伊特哈尔德（Doris Leuthard），并向她保证他不会将司法信息透露给法国以外的国家。当时，大概是出于恐惧，萨科齐希望撤销海关。海关人员是与国外往来最密切的一群人，海关掌握了一般人无法想象的信息，而且拥有一个专属的秘密情报机构，即法国海关情报调查局（Direction nationale du renseignement et des enquetes douanieres），它是法国境内效率最高的情报机构之一。除了与使馆合作的法国国家宪兵队之外，海关人员是唯一有权力做些什么的人。然而，一开始的时候，由于法国海关和法国公共财政总署之间存在敌对关系，我无法与他们合作。后来，等到他们终于取得与汇丰银行有关的所有文件，法国政府却不愿意授权他们使用那些数据。

当这场试图毁灭证据的战役如火如荼地进行时，我给法国司法部长去函，提醒她，根据国际条约的规定，我们没有义务将资料提供给瑞士。因为如果我们这么做，我们将置法国调查人员于险境，并且会导致一些危害法国国家利益的信息外流。奇怪的是，法国政府从未同意将所有信息提供给意大利、美国和其他曾向法国提出申请的国家，瑞士是例外。瑞士是唯一获得法国政府全力配合的国家。

事实上，瑞士无须采取太多行动，而他们的确只稍微虚张声势了一下。没有发生什么不利的事，相反，他们得到的远比他们期望的多得多。萨科齐前往达沃斯前，法国公共账目部长埃里克·沃尔特（Eric Woerth）宣布他握有一份内含 3 000 个法国逃税者的名单，后来，他到国会说明那是窃取来的资料。其实，他应该保护那些信息并静待时机，好让调查可以在不受干预的情况下持续进行。然而，他却倒向逃税者一方，声称这些文件无法使用，因为它们是以非法的方式取得的。

这种态度反映出法国政府的暧昧立场。一方面，萨科齐宣布对众多的保密管辖地全面开战；另一方面，他却与巴拿马签署了一份情报交换条约，将巴拿马排除在避税黑名单之外。

走漏风声

2009 年年底，法国政府决定将我计算机中的数据复制一份给瑞士，这时，有人决定，将汇丰银行案公之于众的时机到了。根据我们得到的情报，采取这次行动的是法国境内某秘密情报机构的一组人马。《巴黎人报》写道，沃尔特手里的逃税者名单来自汇丰银行，而举报人的身份也很明确。团队的朋友告诉我，我的名字将被刊登在《观点》周刊上。

对我而言，这是一个攸关生死的时刻。曾与我共事的人为我的性命担忧，他们希望我躲起来，并接受脸部整形手术。但我不打算销声匿迹，相反，我想要一场光明正大的对决，我想以真面目示人，我要让所有法国人听见我的声音。因此，我们决定，我将上电视。

2009 年 12 月 13 日，汇丰银行的名单是在我的计算机里查获的，这已是人尽皆知的事实。这时，法国电视二台（France 2）的新闻播放了关于我的专题报道。我终于可以描述我亲眼所见的一切，终于可以向电视机前的观众解释，并告诉他们，我们可以改变一些事。那之前，法国境内暴露了一系列的案件，其中包括后来导致法国前总统雅克・希拉克在 2011 年被定罪的弊案。当时的法国人很难意识到腐败并非无法避免的现象，也难以想象法律——包括那些看似和一般人无关的法律——其实与普通百姓的日常生活息息相关。

电视采访后的几个小时里，有数十名法国和其他国家的记者联系了我的律师，表示他们想跟我见面。然而，时机尚未成熟，于是，报纸杂志想写什么，我们就随他们去写，即使是毫无根据的谎言，因为我们知道将来有还原事实真相的机会。我只接受了瑞士、德国和希腊这三个国家的电视访谈。接受瑞士的电视访谈的那一次，我坚持选择直播的方式，以免我说的话遭到扭曲或被审查。我在某天下午上了电视，并首次向瑞士公民解释，我们若不设法控制银行，就只有被银行控制的份儿。

调查中断

2009 年 12 月，法国国家宪兵队和法国税务局奉命中止与我的合作。他们告诉我，我必须放弃一切，此后什么都不能做。这项决定让那些长时间与我共事的调查人员感到非常震惊。他们当中的某些人表面上遵照官方的指示，却仍继续默默地支持我，给我建议，并帮助我了解还能采取何种其他途径，以迫使司法机关继续调查银行的不法机制。

当时，我在法国索菲亚科技园的研究中心参与一个欧盟研究项目，我受雇研发一种算法，利用都灵和巴黎等大都会地铁里的上千台监控录像机所录制的数据，找出举动异常的路人。这项工作也开始遇到重重阻碍。但由于这是个对警方极有价值的项目，法国国家宪兵队的管理层给予了支持，允许我继续工作。这令我避免受阻挠并且不至于感到孤立无援。

虽然汇丰银行的问题被官方搁置，但我们仍继续在幕后工作，并决定与其他国家共享数据。档案被传递给 50 个左右参与国际合作协议的国家，但每个国家的用途不同。在希腊，汇丰银行的客户名单销声匿迹了一阵子，几年后才重现江湖。在意大利，都灵检方请求德蒙戈尔菲耶将所有查获的数据提供给他们，包括那些与意大利关系不算密切的客户，但他们没有如愿以偿。有鉴于此，别的国家便没有提出申请。还有些国家被法国当局拒于门外。后来，印度与法国达成一项协议，那段时间，法国总统希望印度向法国购买战机，因此，萨科齐拿名单来换取合约。为了贩卖战机，他不惜践踏规范。

第2章

银行的庞大势力

LA CASSAFORTE DEGLI EVASORI

银行拥有很大的权力，并且凌驾于规则之上，在银行工作的人必须恪守内部的规定。凡是银行员工，都知道保密的必要。不遵守这一点等于违法。如果违反了保密规定，就算并非蓄意，也会从此活在担心被揭发的恐惧里。

2.1　一切都是秘密

凌驾于规则之上

当今，像汇丰银行这样的一个银行代表着什么？首先，它代表着创造金钱的权力。一个人找上这类经手亿万财富的银行，知道自己即将跻身一个门槛极高的俱乐部，在那里，他将遇见富可敌国的人，并有机会与他们做生意。但如此巨大的利益也可能使这个人感到害怕。在法国境内进行调查时，为了与银行终止关系并将存放在瑞士的资产合法化，决定挺身作证的汇丰银行客户向调查人员透露了他们心中的恐惧。管理他们存款的投资顾问恐吓他们说，这种操作的风险太大。这些人说服他们保持沉默，销毁手边所有文件，还试图向他们灌输一种他们已经万劫不复的念头，好像他们已经没有回头路可走。

要理解到底是谁控制谁，得先掌握人的心理。到商店里买东西时，我们只要付钱便能交换到某个东西。在银行里并非如此，我们与银行之间的关系是建立在契约之上的。来了一个新客户，银行便会向他清楚地说明一切。银行所承诺的服务，以及客户将通过哪些工具或交易赚取多少钱，都会明确。细节定义得越清楚，对客户就越有利。合约会确保他的钱存放在一个安全的地方，确保他有动用那笔钱的权利。如此一来，也就确立了一种相互的责任关系。比如说，银行方面会向客户解释，如果客户使用电子邮件通信，他个人便必须负起相关责任。这就会影响人的心理：客户一旦签订这些合约，就会感觉自己从一般人的世界跨入了特权阶层的世界。

同样，银行拥有很大的权力，并且凌驾于规则之上，在银行里工作的人必须恪守银行内部的规定。我还小的时候，父亲便试着让我了解他的工作，他告诉我，去银行找他时，我一颗糖果都不能偷，要不然他会因此被解雇。他让我明白了，银行员工所担负的责任也涉及他的家人，因为如果一位银行投资顾问在家里提到他的工作内容，而他的儿子再将他所说的事转述给别人，那么银行的机密或员工职业秘密便有可能受到侵害。

凡是银行员工，都知道保密的必要。不遵守这一点等于是违法。如果违反了保密规定，就算并非蓄意，也会从此活在担心被揭发的恐惧里。

金牌客户

尽管拥有几千个户头，汇丰银行日内瓦分行主要的财源来自其中六十几位客户——包括企业、企业家、投资基金。这些人财大势大，他们以存放在银行的大笔金钱为交换条件予取予求，有求必应。银行的权力来自最重要的那些客户，银行所能行使的操控力，也源于其经手的巨大财富，以及和客户、经理人与政治人物间错综复杂的利益。西班牙首富桑坦德银行的埃米利奥·博亭（他于 2014 年 9 月 10 日去世，此前一直是桑坦德银行的所有人）

也是汇丰银行日内瓦分行的客户。希腊前总理乔治·帕潘德里欧的母亲在汇丰银行日内瓦分行有一个存款 5 亿欧元的账户。汇丰控股有限公司的前行政总裁葛霖[①]，直到 2013 年 12 月一直在卡梅伦政府担任贸易大臣。先前因涉及逃税丑闻而被迫于 2013 年辞职的法国社会党党员、前法国预算部长杰罗姆·卡于扎克的兄弟曾任职于巴黎的汇丰银行。亚历山大·泽勒，控制着瑞士证券交易所的 Six 集团董事长，曾任汇丰私人银行的首席投资顾问、执行长、行政总裁。曾担任汇丰银行税务问题部门专业律师长的威廉·J. 威尔金斯，如今是美国国家税务局的首席法律顾问。思考一下这些案件，你就会明白为什么政治人物对于打击逃税、银行权力过大以及贪污腐败毫无作为。他们借着保护银行来保护自己。

银行保密制度的原则，就像医生必须保护病人隐私的职业伦理一样，医生不应向他人透露病人患有哪种疾病，因为这些信息可能被不当使用而危害病人。同样，私人银行竭尽所能不透露任何有关其客户的事。其保密制度之所以存在，是为了保障某种权力——逍遥法外的权力。

拼图法则

汇丰银行采用所谓的“拼图法则”来保密，这其实是最古老的保密制度。这套法则的基础在于将信息划分为几个部分，一部分保存在保险箱里，另一部分保存在某张书桌里，还有一部分则

① 葛霖，银行家，2003—2006 年出任汇丰控股有限公司行政总裁，2006—2010 年出任集团主席，2011 年 1 月，获英国保守党政府委任为商业创新及技能部的贸易及投资国务部长。——译者注

存放在离前两个地方很远的某处。要办到这一点，需要有点技巧。银行里，实体数据被分别存放在不同的场所或部门，使担任任何一个职位的人都无法掌握全貌。汇丰银行的员工只了解自己经手处理的部分，对于其他地方发生的一切则一无所知。员工的注意力不断地从工作内容转移到工作的过程上。举例来说，如果某位技术人员负责将文件分类，对他而言，这些文件本身不具重要性，重要的是他所执行的任务，即分类，他在银行里所扮演的角色取决于这项任务。因此，这位技术人员不会试着了解这些文件究竟是什么文件，也不会探究文件的用途，他只会尽责地将文件分类。他不会了解到他所整理的文件具有什么意义，这也因为他总是只能看见整件事的一部分。

但“拼图法则”不足以保守秘密。有时候，让秘密隐没在大量信息当中是最佳的保密方式，因为这么一来，将无法对所有信息进行分析。汇丰银行案便呈现出此种状况，调查人员被大量文件淹没，以至于无法分辨出哪些才是重要的信息。的确如此，有时候，拥有大量信息还不如只拥有少量信息，因为一旦信息太多，就很难判断该从哪里下手，以及按照何种顺序工作。人的注意力将只聚焦于某个部分，而无法了解眼前的一切究竟有何含义。

试想一个每日有 10 笔款项入账的银行户头，每次汇入的金额是 100 欧元，一天的进账总共是 1 000 欧元。如果 3 个月后，上述款项被一次汇出，我们除了一连串的交易以外什么也看不出来。唯有扩大我们的视野，掌握与所有资金来源及流向相关的信息，我们才可能了解那其实是一个中转账户，其存在的意义只是为了方便将资金转到另一个地方。如果无法管理所有信息，且没有足以分析这些信息的工具，便无法得知这一切究竟是怎么回事。一个人即使掌握信息分析工具，要充分了解其含义也往往并非易事，要研究信息与掌握其意义，必须掌握事情的关键。

汇丰银行每天收到成千上万有待处理的信息。虽然一笔交易的手续需要五六个步骤，经由不同部门的五六位员工来处理，最终，只有共同决定交易的投资顾问和客户确切地知道这笔交易的性质。交易的具体操作者只看得见他们直接操作的片段。他们单纯地执行了一些步骤，而不知道这些步骤的目的，这也与他们需要为不同的投资顾问办理这类手续不下千百次有关。这便是保密的方法：将不完整的碎片信息混合在一起。

计算机系统

随着信息时代的来临，“信息碎片化”的手法开始普及，因为信息技术允许我们同时管理更多的信息。在汇丰银行，计算机可以帮助银行加强监控，但这并非高层的期望。蒙特卡洛分行的“工作流”项目之所以受排斥，正是因为它会让投资顾问——银行机构中最重要的专业人士——受到监控，而投资顾问全力反对他们的工作内容受到任何监督。

能实时呈现所有账户财务状况的阿列里（Aleri）项目也遭封锁。通过此项目，针对是授予操盘手更大额度还是不允许他们超过规定的门槛，银行可以做出更有利的决定。但银行高层显然也不想要这个系统，因为加强监控会对地下操作造成妨碍。没有这个系统，当时的银行（甚至是现今的银行）根本就无从实时掌握投资人交给银行管理的资金的实际状况。

划分信息的方法显示出一种明确的战略。早在我父亲的那个年代，印制客户报告的地点便在荷兰，因为资料存储在那里。如今，汇丰银行的数据散布在英国、法国以及亚洲和其他洲的一些国家。举例来说，后勤办公室所有的财务和会计工作皆在印度完成。管理者以提高效率和节省成本为由，将信息分散各处并将客户存款分别存放在各国的小账户。但最重要的原因是，一旦检方展开调查，便要在不同国家进行调查，以取得所需的信息。而整个调查过程将耗时多年，与此同时，案件也会逾时失效。汇丰银行有个名为“佐罗”（Zorro）的项目，其目的是把存储于日内瓦的信息和存储于苏黎世的信息分割开来，并在法律许可的范围内，将所有数据从瑞士移至亚洲。

我们不应忘记，汇丰银行拥有世界上最庞大的私人计算机网络。有些系统位于英国，比如说原本被命名为“旗舰环球电子银行系统”（Hexagon）的汇丰财资网（Hsbcnet）。这类系统不要求银行国际代码（Swift Code），换言之，不用留下有关任何环节的交易记录，便能让资金在不离开银行的情况下流向各个国家。举例来说，如果某位客户在南非有一个账户，通过汇丰财资网，就可以把钱转到他在日内瓦的账户。

由 8 个或 11 个数字组成的银行国际代码用于识别国际转账。其名称为专门批准核发银行国际代码的“环球银行间金融通信协会”（Society for Worldwide Interbank Financial Telecommunication）的缩写，此协会的总部设于布鲁塞尔，由其他两个相似的机构——国际证券结算公司（Clearstream）及欧洲清算银行（Euroclear）——

所操控。从技术上来说，它们是赔偿基金，即交易对手偿付能力[①]的担保机构，负责确保操作成功，在国际交易中扮演了举足轻重的角色。

银行国际代码使用加密保护的网络，通过解密密钥来辨识不同的银行。此系统处理“户对户”的资金流动。你可以在一天当中进行上千次此类操作，最后再进行内部整合。举例来说，如果在数千笔交易之后，位于日内瓦的母公司需要汇款 1 000 万欧元到法国，而巴黎的子公司要汇款 800 万欧元到瑞士，便可以在一天结束的时候进行内部整合，日内瓦只需汇款 200 万欧元到巴黎。如此一来，唯一可追踪的操作便只有一笔，即在瑞士的银行将 200 万欧元的差额转至其法国子公司。一整天下来，系统累计有上千笔操作，最后，根据内部整合的情况进行结算。账户中的交易动态只在银行内部记录中留下线索。然而，即使银行的各个子公司隶属于同一集团，它们在法律上仍是各自独立的公司，因此，一天结束之后，它们必须通过一家专门负责跨国内部整合的公司进行结算。外界只能追踪到最后的那笔交易。正是通过这个手法，上千笔操作可以化为一笔。

为此，业内存在所谓的“镜子账户”，即“本行与他行”的对应账户，由两家互相有业务往来的银行配合开设。首先，汇丰银行要拥有“本行账户”，比如说，汇丰银行在新加坡某个银行开立的一个账户。另外，要有“他行账户”，即新加坡的银行在汇丰银

① 在财务上，偿付能力指一个实体支付债务的能力。偿付能力同时也描述了一个企业支付长期费用和实现长期成长的能力。如果企业无力偿付，根据当地破产法，企业或许就不能继续经营而需要破产还债。——译者注

行开立的一个账户。经由此渠道，两家银行进行双向的资金流动。交易上千次后，计算其中一家银行必须支付给另一家的差额，然后进行整合。

在“本行与他行”的账户中，登记有资金的异动，但两家银行的交易往来中，可以追溯的却只有最后那笔经整合的交易。举例来说，当银行名下购入 100 单位的投资基金，但并未将这些基金卖给 100 位客户时，便会出现此种情形。买入的动作会在“本行与他行”的账户里留下一组银行国际代码的记录，但那之后，银行通过内部转账将它们分配给客户，相关记录便可以轻易地删除。因此，资金动向的追溯变得难上加难，甚至无法实现。因为当银行间的转账经由账户整合完成时，根本不可能追踪到一系列交易背后真正的受益人是谁。

合约的风险

与我们行经高速公路必须交过路费一样，银行从每笔交易赚取一定的手续费。相应地，银行必须承担合约更替的风险。换言之，银行必须根据金融合约所规定的履行义务，补足保证金给对手方。而客户与银行签约时，本身也同意承担有关操作保密与存款损失的风险。例如，在汇丰银行，在电话通信方面，客户必须提供诸如儿子或宠物名称等辨识语。客户承担了有人可能会掌握敏感资料的风险，而银行保证以最高标准对这个账户的存在进行保密。没有人知道客户在该银行设有一个账户，其资金由投资顾问管理，语音识别就是以此为前提的。如果客户想以电子邮件或传真的方式联络，必须签署一份文件，声明他愿意承担有人查看他的电子邮件或传真，或者通过这些通信系统冒用其身份的风险。但无论如何，银行会全力维持最高水平的安全性。

客户也可选择以邮寄的方式在自己的国家收到账户明细。银行会确保信中不出现客户的名字，只出现一组账户代码。如果客户申请有效账户的证明（客户有时需要一些可以证明其所有权的文件），就需要付费才能得到匿名形式的数据。这听起来可能没什么大不了，但就是这项服务在检方搜查时拯救了许多客户，他们因此得以辩解，自己并非某特定账户的受益人。另外，名为“care of”的选项则提供将邮件寄送到客户住处之外其他地址的服务，客户只需前往约定的收件地点签收便可领取文件。

当然，客户得为每种服务付出代价。银行的所有服务都是付费服务。而银行的一切安排都是为了确保最高等级的安全性。法国公民在汇丰银行日内瓦分行开立的 6 000 多个账户当中，只有 6 个曾向税务部门申报，比例为 1‰。客户会选择在这家银行存款绝非偶然。他们身处另一个世界，决定遵循另一套游戏规则，这一套规则跟一般老百姓的那一套全然不同。

会谈报告书

跟客户见面之后，投资顾问会撰写所谓的会谈报告书，用意在于给会谈内容及相关决定留下记录。起初，投资顾问以传统的书面形式写在纸上，并会补上一些不寻常的批注，例如，必须以某位足球运动员的名字来称呼客户，绝不以真名称呼他，或绝不向他的秘书透露任何事情。

会谈报告书是一种内部沟通的工具，用来描述客户的需求、决定采取的操作、投资顾问向客户承诺的定制化服务，以及如何针对客户与银行之间的往来保密。会谈报告书中会强调入境某个国家时不应随身携带账户明细等要点。投资顾问以一种极不容易辨识的字迹写这些报告书，以防止其他人看清写了些什么。他们不知道的是，事实上，银行会将这些报告书扫描后存到银行的计算机系统中。投资顾问在察觉到这个大规模的归档操作后，便改变了写报告书的方式，只记下与客户讨论所决定的投资方式，而省去了那些有关保密的详细批注。的确，太过仔细的会谈报告书会在银行的计算机系统中留下具有危险性的记录。

后来，投资顾问开始在撰写会谈报告书的同时，将与某位特定客户有关的文件汇整起来，直接存入计算机系统，与所有经手同一个账户的投资顾问共享信息。报告书也被提供给法律部门进行分析，以找出银行与客户之间的关系可能衍生的任何问题。账户所有人针对可能采取的账户操作而向投资顾问提出的所有问题，都必须记录下来。投资顾问每年必须与客户至少通一次电话，如果没有做到，来年他就得与客户本人面对面地会谈，否则账户便会被视为休眠账户。会谈报告书则用来证明面对面的谈话是否确实发生。银行会竭尽所能地促成面谈。举例来说，在蒙特卡洛，银行每年支付给乡村俱乐部 1 万欧元的会费，好让投资顾问可以在俱乐部的游泳池畔与客户会面。银行甚至支付高达 25 万欧元的会费，让高级投资顾问加入最时髦的俱乐部。

此类面谈的另一个目的是确认客户是否还活着，若有客户死亡，银行并无通知其继承人的义务。但休眠账户的操作并未完全终止，即使客户已经过世，过去谈好的生意所产生的利息或租金仍会进入死者的账户。银行得到的好处是，没有人会来取款：这意味着一笔可用的庞大资金。

权力的符号

有很长的一段时间，人们不去谈论金融界的权力，之所以如此，纯粹是因为人们对其一无所知。银行向来暗中操作，没有人知道银行投资顾问所扮演的角色以及他们手里握有的大权，他们是看守干净的钱与脏钱的卫兵。

就像古罗马帝国时那样，文明与野蛮间的界线是由投资顾问所决定的，是他们决定哪些资金可以进入帝国，哪些资金不行，决定银行内部哪些事情能做，哪些应该检查，哪些必须保密。如果没人能证明资金跟资金拥有者之间的关系，便没人能证明一笔钱究竟是合法赚来的，还是以犯罪手段取得的。

在一个小村庄里，大家都知道某个企业家在做什么，他做的那行可以赚多少钱。如果他的收入超过正常范围，所有人都会知道。如果将部分信息隐藏起来，比方说不公开他从事哪种工作，大家便无法得知他的收入来源是否正当。

保密能确保一切不透明。保密，真相便无法被看透。中国有个成语叫做“浑水摸鱼”。经手巨额资金的金融家往往隐身在浑浊不清的水中，以避开规则。看不见鱼，再有经验的渔夫也抓不到鱼。保密制度让银行客户感到安心，他们认为自己永远不会被曝光。就像鱼以浑浊不清的水作掩护，那些知道自己可能被司法机关和税务机关起诉的客户求助于银行，以逃避调查。若非这个缘故，没有人会带着大笔脏钱去海外，并把钱存在海外的银行。钻法律漏洞的唯一办法，便是以瞒天过海的方式规避法律。

保密是必要的，因为一旦真相被揭露，人们提出要改变制度的可能性便会大大提高。我们开始披露数据时，汇丰银行所害怕的就是这个。但银行为什么不希望司法介入？因为他们希望一切能在棘手的事实被揭露之前告一段落。而为什么银行至今仍不断施压？因为我们正把隐而不宣的秘密机制公之于众。我们告诉世人，有些人的专职活动就是钻法律漏洞。将此事公开这一举动本身便具有威胁性，因为这可能导致整个银行体系成为历史。

英属维尔京群岛、瑞士和卢森堡等国的政治体系便是因这种保密制度而形成的。但揭示这个问题的存在仅仅是第一步。第二步是，开始去追查所有线索。接下来我们需要校正信息，以解释有心人士究竟以何种方式规避法律。浪费时间试图跟那些不愿将信息透明化的国家取得共识是毫无意义的，它们总能找到新的漏洞。它们只打算继续向那些想要凌驾于规则之上的玩家提出保证，保证他们的身份不会被曝光，他们的选择不会被公开。基于此种原因，保密是必要的。重新找到那些线索，游戏规则将会重整，保密制度所建立的堡垒也将崩塌。

有的财大势大的银行不仅规避法律，而且任意操控法律图利。《欧盟储蓄指令》生效之后，这一点显露无遗。根据指令的规定，每一位欧盟公民都必须缴纳金融产品的税金，位于瑞士的金融产品也是，除非这些金融产品登记在某个公司名下。

自然人必须缴税，公司则未必。只需建议客户设立新的公司，并将金融产品登记于公司名下，便能避开规定。这再简单不过。

为什么要做这种区分？为什么不设立一个让所有人——不论

是自然人还是法人——都必须缴税的制度？只要修改一句话，便能避免这种区分。但他们没有这么做，且此事绝非偶然。显然，牵涉自身利益的人希望法律之墙布满漏洞，并希望设法弄出一些漏洞，即使这么做完全不合逻辑。因为没有破绽的规则的确存在，至少存在于纸上：在美国，所谓“合格的中介机构”——银行、管理公司、信托投资公司——必须通报所有客户的账户，无论是自然人的账户还是公司的账户。

在欧洲，在社会舆论的压力下，政治人物说：我们来制定一项法律吧，但那必须是不完整的法律……他们这么做，拯救了哪些人？他们拯救的不是普通公民，因为普通公民没有能力设立空壳公司，再将金融产品登记在公司名下。他们拯救的是那些有能力并有意愿规避法律的人，这些人有关系可依靠，那些关系确保他们不会有任何风险。这一切都记录在法律中。法律规定营利性事业机构不需缴税，受益者是谁，我们心知肚明。我们不该忘记帮助银行获利的是哪些公司。只需要少数几个客户，银行便可赚取高额利润。而这些客户正是此种情况下最大的受益人，因为他们不必支付应该支付的钱。另外，那些在本国按规定向税务机关缴纳了所有税款的小企业则由于此种不正当竞争而处于劣势，长远来看，他们甚至可能因此无法存活。

可以追踪的假象

银行设法不留痕迹，这种策略证明了银行的不透明性。一位投资顾问身在某个国家，却管理着开设在他国境内的账户，而户头的主人居住在另一个国家。资金可以分散在三到五个国家，为的就是规避司法调查。

举例来说，有位逃税的意大利籍客户将他的资产存放在香港，交由一位瑞士的投资顾问来管理。侦办他的调查人员会追查他的通信记录，并会尝试在瑞士联邦境内寻找他所藏匿的金钱，但他们根本找不到，因为他们搞错调查的地点了。为了给他跟投资顾问之间的联系找理由，这位客户可能会在瑞士存一小笔钱，但这笔钱财跟藏匿在香港的巨款比起来根本是小巫见大巫，可是他只缴纳这笔小钱的税款，而不必为作为他战利品的那一大笔赃款缴纳任何税金。

在更复杂的案例里，客户必须藏匿非法取得的资金或准备用来贿赂政客的黑金，这时，空壳公司便加入战局。只需要在那些逍遥法外的避税天堂注册两三家公司，便足以拉长调查时间，让案件逾时而不得继续依法侦办。要重建一家公司与另一家公司之间的交易往来情形极为困难，特别是当这些公司设立于不提供法律援助的国家时。不仅如此，在那些避税天堂中，银行与营利性事业机构的文件的保存期限往往为两年，时限一过，将不再有办法重现事实原貌。如此一来，赃款根本没有卷入法律问题的可能性。不透明的问题不仅牵扯到空间因素，也牵扯到时间因素。

逍遥法外的机会很多。每位客户都会获得一组与他的档案夹对应的辨识代码。档案记载着客户所拥有的不同账号，以及其他使用中的相关子账户。如果法官手里只握有客户的辨识代码，而要求日内瓦分行提供某些信息，将得到以下答复：该户名并不存在。之所以如此，是因为那组辨识代码对应的注册地在该机构的卢森堡分行。最后，知道那些空壳公司与账户的受益人究竟是谁的，只有银行。银行保密的重要性由此可见一斑。

假操作

另一种隐瞒转账的方式是会计报表假造，对外制造出一种与实情完全不同的假象。银行可以利用选择权和衍生金融产品制造出亏损的假象，例如，先在瑞士购买一个卢布的选择权，接着在蒙特卡洛或意大利转卖给自己。在这种情况下，卖方和买方都是同一个人，但没有人知道这件事。在意大利或蒙特卡洛赔钱的与在瑞士赚钱的是同一个人。亏钱与赚钱都是假象，因为资金并没有转手，这笔钱在某个国家蒸发了，然后重新出现在另一个国家。这看似简单，实际上是整合操作的结果。除非掌握双方——买方与卖方——的身份，否则根本无法重建资金流动的途径。

另外，为了获得某国的税收优惠，有的公司故意制造出亏损的假象。汇丰银行所开发的环球信息管理系统（Global MIS）正是为了方便此类操作而存在的。银行客户可以存放在海外的资金为担保，在意大利境内贷款。这样一来，他不必将钱汇回意大利便可以支配自己的资金，并能享有税收优惠。他不仅不用因为在瑞士存款而缴税，还在税收方面享有优惠！当他在意大利境内的债务清偿完毕，银行能在别的地方向他提供更多贷款。

不了解私人银行状况的一般公众，会以为需要通过复杂的操作才能规避法律。事实上，一切比大家想象的容易得多。在汇丰银行，只要通过环球信息管理系统等自动化计算机系统，假的信用转账之类的操作皆能随时随地瞬间完成。甚至不需要针对转账的模式达成任何共识，因为系统早已解决了这个问题，在全球各地都可以执行此类操作。

在银行里，没有一件事是随机发生的。汇丰银行会将从事资金管理所获得的收益，拨一部分给为银行引荐客户的人当作酬金。账户持有人每售出或买入任何银行理财产品，掮客和投资顾问都可以提成。合约明确规定了银行的获利、投资顾问和掮客的酬金，根据这些规定，一切畅行无碍。

信托账户

我还在汇丰银行工作时，有些客户跟银行签订信托契约，契约明确规定资产存放在银行的期限：半年、一年，甚至更久。如此一来，资金的主人可以对外声称那笔资金不属于他，而是属于汇丰银行。的确，那笔钱成了银行的资本，银行把钱转存在英属泽西岛或英属根西岛之类的避税天堂，那些地方的管理成本远比其他地方低。该基金投资于可带来回报的金融产品。合约规定的期限一到，本金和利息重回客户手中。

信托契约与信托基金建立在同样的基础之上，此种法律制度诞生于英国。为了保护自己的财产，长期离乡的骑士们将财产委托给一位受托人，这个值得信赖的代表为受益人——通常是委托者的家庭成员——管理那些财产。如今，信托是用来防止追溯资产、公司或资金拥有者最常用的工具之一。信托的不寻常之处在于信托人即信托关系的委托人将财产脱手，并将之交给受托人代为管理。因此，表面上，委托人不再是财产的所有人，而那些资产投资成果的受益人也不是。这意味着，一个国家的检察机关，如果为了知道调查对象是否在某个特定银行设有账户，而发出国际调查委托书，得到的答案可能为否，因为那些人名下可能真的没有海外账户。如果检方真的想调查出一些结果，就应将调查重点转移到信托资产上。但检方根本无从得知调查对象是否拥有信托资产。这类手法可以创造一种烟幕，想厘清资金所有人的身份也因而难上加难。

这与空壳公司的逻辑很类似，空壳公司不处理任何事务，既没有办公室，也没有员工，设立空壳公司的目的在于进一步撇清资金与资金实际拥有者之间的关系。另外，空壳公司也可以是信托基金的受益人，这使司法调查变得更复杂。在某些国家，只需要 200 欧元便能设立一家公司。举例来说，美国的特拉华州便是世界上最有效率的避税天堂之一：该州是美国面积很小的州，却有成千上万的公司设立于此地。

空壳公司、信托基金和信托资产的功能在于创造出一种媒介，在形式上将财产转手他人，以撇清资产与其所有人之间的关联。此类机制并不复杂：只需确实掌握保密这个不可或缺的基本要素。银行界的工业化与信息化促进了上述社会结构的形成，更促成了金融产品的开发。如今，只须轻点鼠标，便能搞定一切。

2.2 定制化的避税天堂

放心，银行会搞定一切！

就算有朝一日银行保密制度被废除，选择把钱存放在瑞士的客户仍将继续这么做。目前，某些已将资金存放在其他地方的客户，仍与瑞士的银行保持往来，在那里开户或寻求其投资顾问的服务。为什么呢？因为在瑞士，客户可以放心：他们可以找到合格的专业人士，并依赖其一流的服务。如此一来，客户就不用缴税，税金恐惧症让富人纷纷求助于瑞士所提供的金融服务。客户很容易接受市场波动或投资不当所导致的亏损，却无法接受拿自己资产的一部分来缴税。因为这个缘故，瑞士和其他避税天堂里的银行看管着数兆的资金。没有人知道这些资金确切的存放地点。

2013 年，国际调查记者联盟（ICIJ）公布了世界各地上千名在避税天堂拥有公司的人的名单。“离岸解密”是世界媒体给那个丑闻取的名字。的确，资产向来不断流动。以公司或基金（而这些基金又是一些传统公司的拥有者）为担保，便可以向银行贷款。通过这些手段，可以掌控一家位于意大利的公司，再以这家公司作为抵押，向上海或纽约的银行贷款。企业的战区已经扩大至全球，不再局限于一国之内。政府针对某家公司所提供的协助和补贴，被用在对于投资者而言最有利可图的地方，却没有用于增加该国公民的就业机会。

与黄金不一样的是，金钱并非实体。通过空壳公司、主要和次要的经办人，采用和上述信托资产类似的手法，金钱可以瞬间被转到另一个地方。如此一来，便能神不知鬼不觉地动用巨额资金。

掮客得以存在，是因为有避税天堂存在。投资基金的源头必然指向一个避税天堂，唯有如此，才能不为人知地转移资金。这是一种不让其他投资者掌握任何线索的保密手法。如果基金预计投资于某家公司的消息被人所知，便会有人买下那家公司或收购其股份以从中获利。

有关房地产方面的投资，在巴拿马设立公司绝对是汇丰银行的首选，因为这是藏匿不动产最快速有效的方式。首先需要在巴拿马设立一家公司，接着找一些没有人认识的人来管理这家公司。公司甚至没必要开设银行账户。该公司台面上的老板是一位巴拿马籍的专业人士，他同时负责其他数百笔不动产，而所有权证书完好地锁在不动产所有人的保险箱里。一切都非常简单：关于房地产，没有比在巴拿马设立公司更有利的做法了。

然后，这些巴拿马房地产公司可以被整合为一家卢森堡的控股公司。小巧玲珑的卢森堡大公国是欧盟的创始会员国之一，因其有利的税收制度，也由于负责管理注册于该国境内上千家不透明公司的律师行事谨慎，卢森堡成为控股公司在选择总部时最偏爱的地点之一。想知道藏身于这些公司的专业管理人士背后的究竟是谁根本不可能。在这里，保密是义务。只有诸如海关等具有强制力的政府机构才能向卢森堡的律师施压，以取得关于财产实际拥有者的详细信息，而这通常发生在律师越过国界时，因为卢森堡是一个极小的国家。

作为客户和掩护客户的空壳公司的中间人，律师往往是调查人员下手的对象，这些律师可能是在卢森堡工作的法国人，或是在法国境内有利害关系的卢森堡人。而这一切当然是在台面下进行的，并游走于法律边缘，因为专业机密是不容侵犯的。

某些岛屿的巨大诱因

在英属维尔京群岛，有意进行调查的他国检察机关会像碰上一道橡皮墙一样被反弹回来。流向这些岛屿的不是不动产公司，而是现金。对于信托和公司机构而言，英属开曼群岛也是适当的地点。

位于英吉利海峡的根西岛和泽西岛则是保管纸质文件的地方，足以证明金融产品存在的证据存放于此处。这些岛屿属于英国，是众多避税天堂之一，每笔交易的纸质证券资料都在此处归档存放。纸质文件仍存放在原开户银行，当持有人改变后，会记录下所有权的变更。一切都是通过托管完成的。银行之所以选择某个地方而非另一个地方作为金融产品的存放地点，是出于成本方面的考虑：位于英吉利海峡的岛屿显然具备低成本、高效能与高安全性等条件。

因此，如果过去的银行是在单一地点管理所有服务，现今的银行则是将各种服务分散到不同国家：结算所设于卢森堡和比利时，档案存放于根西岛和泽西岛，后勤部门设于印度，空壳公司则位于香港。正如我们所看到的，每个地方都有自己专精的方面，这一切取决于它们所能保证的成本和质量。

举例来说，泽西岛与根西岛具有严密的银行保密制度，这也有利于信托基金的设置。在这些地方，注册于当地的信托基金往往拥有另一个信托基金，而后者又拥有别的信托基金，这种现象在这些地方乃家常便饭，它们设下重重屏障，以保护想要保密的人。

一般而言，亚洲是非常活跃的地区，因为资金往往与商业动态密不可分。将来这一切都可能产生变化，但那只意味着资金将流向其他国家，就好像水总是渗入缝隙里一样。一切都在变，一切都在动，一切顺势而行。汇丰银行的总部从伦敦迁往香港，然后又迁回伦敦。一个世界上数一数二的大银行若无其事地从一个大洲搬迁到另一个大洲。同样，只要在鼠标上点击一下，数兆的资金便从一个国家转到另一个国家。通过人脉网络和各种中介机构，资金在全球各地流动。捍卫信息的可追溯性，是调节和控制此种现象的唯一方法，必须能够找到资金流动所留下的痕迹。

设法不留痕迹：选择权和寿险保单

许多交易不会留下记录。以选择权为例：A 投资者买入选择权，然后将之出售给 B 投资者，后者在规定时间内能够以约定的价格售出某产品。如果交易选择权的两家公司的所有人为同一个人，此类操作便可能是在掩护一笔国际资金转移。如果检察机关要求银行提供账户明细，只会看到 A 公司买入选择权后损失了一笔钱，却无法得知哪些钱最后成为 B 公司的收入。

这个道理也适用于“信用违约互换”——一种可以有效规避信用风险的信用衍生产品。封闭型基金即外部投资者无法进行申购和赎回的基金，也有类似情形，此类基金可以制造出亏损的假象。从记录看，一位“运气不佳”的投资者亏了一笔钱，只有检查基金的相关文件，才能追查出亏损的资金最终流向了他本人。这也是将资金从地球的某个地方转移到另一个地方的方式。

“私募股权投资”是一种对私有企业进行各种类型股权投资的形式，在信息透明的情况下更容易出现这类现象，因为企业不必向市场公开任何信息，因此我们也不可能知道企业真正的价值。举例来说，在过去数十年表现强势的某个基金突然出现问题。这时，投资者可以对外声称亏损，但事实上，他已将资金转移到另一家公司，且这家公司注册于某个避税天堂或经济上较为强势的国家。投资基金也可以被用于空壳公司，并由一个人控制，以掩护资金真正的拥有者。

人寿保单是另一个避税工具。这里所说的不是卖给普通百姓的一般保险，而是一种让客户可在形式上隐匿财产的机制。银行的客户通常会购买寿险，将他的金钱、他的公司或他的资产投入保险，作为最初的单一保费。这笔资金被拿来投资客户能随意动用的基金，即客户可以一如往常地继续进行投资。资金只在形式上支付给银行的保险公司，实质上根本没有易主。

这和信托的机制有点相似：表面上，资金不再属于其实际所有者。这样一来，客户不仅不用为其财产缴税，而且可同时享有许多国家针对保险费所提供的税收优惠。客户也不必真的等到寿命将止才收回这笔钱，因为有些条款允许客户在任何时刻终止合约，可能以放弃部分利息为代价。

客户还可以拿寿险保单作为抵押去申请贷款。而这时，有债在身的客户还能享有减税的优惠。寿险制度也因此更加诱人。然而，为什么一个明明有钱可用来投资的人要承揽债务？动机还是同一个：向税务机关申报自己因负债而支付利息，制造出一种假象。对于公司而言，此类做法乃家常便饭：公司明明获利，却制造出亏损的表象。某家公司在某个国家里亏损，因而获得国家的补助，但总体而言，这家公司的财务其实没问题，还赚了钱。这些都是数字把戏。

影子银行

这些工具都遵循着同样的运作逻辑：客户表面上失去了一些资产，但只要他愿意，任何时候都可以要回那些资产；另外，运用了中介。这便是影子银行的管理模式。汇丰私人银行通过 60 位大客户赚到了其大部分利润——近 10 亿欧元，这一事实能帮助人们理解我们正在讲述的真相。

试想有个城市，有家公司雇用了 1 500 名员工、产值 10 亿欧元，这想必是一个生活质量极高的好地方。现在让我们试想瑞士有数百家这样的公司。拥有这么多财富，形成一个蓬勃兴盛、没有失业的经济体是件易如反掌的事。这个国家致富得益于其银行体系，以及这些银行在瑞士当地投资，不断创造更多财富。银行之所以能做到这一点，是因为它们就是整个金融体系的首脑，它们控制整个网络，并有能力发放贷款，以资助瑞士当地的经济。

即使钱存放在别的地方，瑞士的银行也总是掌控着资金，并了解资金所在的位置。但一家意大利银行就绝不可能确实掌握其财库内的资金流动。也正因此，对意大利的银行而言，资助意大利的公司变得相对困难。资金从哪里流入、哪里流出，资金如何流动，以及通过哪些公司流动，一些国家对此缺乏监管。

普通百姓不知道银行向来居于资金流动的中心地带：银行深入企业，银行影响企业的计划，银行决定投资的地点及规模，等等。世界上发生了实体经济的危机，银行机构难辞其咎，但舆论并没有意识到这一点，因为银行真正的作用几乎总是遭到掩盖。有一句法语有效表达了银行逍遥法外的情形：Pas vu pas pris（看不见，抓不到），这也是萨科齐常常挂在嘴边的一句话。如果没人能看到一家公司把钱转到何处，便没有人可以指控这家公司扼杀实体经济，或导致失业。我们大可以放任企业声称它们遭遇经营危机，但如果我们有办法确定企业是否将其收益带到他国，情形便会有所不同，而企业真实的责任便能浮出水面。

银行在这种情况下扮演着至关重要的角色。唯有通过银行，资金才有办法逃往国外，或流向投资于实体经济的企业家手里。银行是金融体系的十字路口：没有银行，资金便无法流动，金融便不会存在。从这个意义上讲，银行和金融是同一件事。我们常常谈论金融与实体经济的问题，但银行将永远是个不变的指标，要是没了银行，便什么也做不了。一旦事情出了问题，病灶必然是银行体系，因为银行始终居于金融活动的中心位置。

若有一项新法规打击到某个金融产品，银行很容易便能避开。举例来说，只需稍微修改一下那个金融产品，改变其名称，便能弄出一个不同的产品，一个无法可管的产品。银行里的一切是那么难以捉摸且变幻莫测，因而难以规范。通过一些蛛丝马迹，我们可以窥见究竟什么东西改变了，以及这些东西是在哪儿及通过何种方式改变的。正是出于这个原因，银行不愿让事情变得可以追溯。

金钱产业

私人银行就像是某种每年必须产生一定利润的产业，利润的计算取决于银行所能吸收和管理的金额，约是募得资金的7%～10%。

汇丰私人银行靠着手中 1 000 亿欧元的资金能产出大约 8% 甚至更多的净利，其分配方式如下：4% 支付给客户，3% 用于支付银行的营运成本，1% 转给银行的股东。上述利润全部免税。以 1 000 亿欧元计算，股东每年赚得 10 亿欧元。

要获得该额度的利润，必须投资主要由债券（政府债券与证券）所构成的货币市场。的确，私人银行的最主要工作便是债务融资，发行债券，以赚取息差，即银行利息收入和利息支出所依据的基准利率之差额。私人银行不发放贷款给商业银行和它们的客户，除非后者提供足够的资金作担保，而那笔资金最好是放在某个避税天堂。

我担任过货币和外汇（外币兑换）市场交易的系统管理员。这些市场包括次级抵押贷款市场，在欧洲市场上常发行商业票据。本质上，这是小型企业或小额专业基金（比如说，房地产方面的基金）的债务证券化。为了投资货币市场，必须利用信托等系统汇集许多客户，或将有能力定期分次投入一两百万欧元来购买产品的客户集合起来。另一种方法是，汇集不同客户，然后以银行的名义建立基金。财力较为雄厚的客户可以做直接的投资，购买货币市场的产品，而在这种情况下，银行将自己的份额赚入口袋，额度可能高达利润的 4% 以上。

银行向欧洲央行（ECB）贷款的利率远低于各国的贷款利率，因为各国只能求助于私人银行或市场。利用资金杠杆原理，银行以极低的利率取得相当于其实际拥有资金 10 倍的资金。为此，银行采用了长期再融资计划（LTRO），欧洲央行于 2011 年推出此计划，用意在于为欧洲的货币市场提供更多流动性及刺激经济复苏。

有了如此庞大的资金，便能在货币市场进行大规模的操作。此种机制非常简单，并能创造可观的利润，但需要大量的投资。银行试图排除小客户——存款不足 100 万欧元的客户，因为银行需要向众多客户筹募，说服他们将资金投入此项操作，才能实现运营所需的投资。小客户不做投资，没帮银行赚钱。银行大部分的利润来自其 60 多位大客户，这些客户大多是掩护自然人的公司和投资基金，这种客户才是真正的大户。他们当中，有许多人在避税天堂成立了掌控他们名下其他企业的控股公司，而那些公司的账户继续由日内瓦的银行管理。

银行的竞争力原本源于这种服务，而眼看着瑞士将被迫自动通报信息，此类服务更显珍贵。由发展程度较高的国家所组成的欧洲安全与合作组织（OCSE），对于打击逃税制定了明确的标准，使许多多年来一直设立在日内瓦的账户被迫转移到欧洲安全与合作组织成员国以外的地方管理。近几年，这种现象有增多的趋势。跟法国海关人员共事的那段时间里，我发觉越来越多人在英属开曼群岛或维尔京群岛等信息不透明之地开设银行账户。

然而，选择其他的避税天堂会带来一些问题。的确，到目前为止，在资产管理的精准度方面，没有任何其他国家可以与瑞士并驾齐驱。离岸解密的报告书也证明了这一点，经过数百名记者多年的调查，离岸解密报告书于 2013 年 4 月揭露了与 13 万个离岸账户有关的资料。数据源显示，许多公司以 Excel 电子表格、电子邮件和简单的档案夹，管理在外国的成千上万空壳公司，管理方式甚为粗放。它们并不具备防范措施、专业素养，也没有一个企业化的组织，甚至连客户姓名的记录也错误百出。

许多避税天堂无法保证与瑞士同等的安全性，它们的客户冒着被司法部门以洗钱或税务欺诈的罪名展开调查的风险。如何解决这个问题？最敏感的文件是那些可以证明开户的文件，这类文件通常存放在客户存款的银行里。解决的方法是，将这些钱转移到一个安全的地方。银行的做法通常是这样的：以电子转账的方式，将资金转至一个地处遥远且不提供司法合作的避税天堂；需要较高的精密度和组织性的资金管理，则交由瑞士负责。

2014 年 6 月，数千份有关设立于瑞士顾资私人银行开曼分行的账户文件在德国汉堡港被查获，此银行受苏格兰皇家银行控制。这些原本发往瑞士的文件中途受到拦截。没有人谈论过此事，但这就是银行适应新法规以维持效能的变通办法。开户文件抵达瑞士一事并不构成问题，因为那些文件不会牵扯到该银行。管理那些文件的，将是另一家银行（或隶属于同一个集团但完全独立的一家），此银行位于另一个避税天堂的某家分行负责开立发票。

瑞士之所以有强大优势，是因为它有一个组织严密的后勤团队并具有无与伦比的专业知识。在其他地方，情况并非如此。账户管理不像成立空壳公司那么容易，必须有很高的精确度。当然，纸质文件的档案将继续由瑞士保管，但帮助自然人逃税的银行账户要设立在其他地方，才可以不必向税务机关提供资料。投资基金将越来越普遍：在银行的协助之下，也许是通过其他分散在世界各地的空壳公司，客户将注册一项基金，自己作为此基金的唯一所有人，并以该基金的名义开立一个存款账户。

这是规避《外国账户税收遵从法》(FATCA) 的方式之一，这项打击离岸逃税的法案，强制境外银行向美国的税务机关通报银行与美国籍客户之间所有的往来关系。制定《外国账户税收遵从法》的人似乎不熟悉金融，因为法案只涉及小客户，即那些瑞士的银行其实也想摆脱的小客户。这根本是“礼尚往来”：确保《外国账户税收遵从法》不会波及银行的大客户、大企业和超级富豪。

多年来，银行已经找到一种让法规永远不会构成问题或阻碍其发展的运作方式，而中介制度乃此种运作方式的基石。某私人银行在众多私人银行当中脱颖而出，是因为它更善于与两三个国家的合作者（有可能是外部的合作者）共事，而这些合作伙伴可以得到客户资产所产生的部分收益作为酬金。无论其是总会计师、中介会计人员还是临时会计人员，都会收取客户资产收益的一部分作为报酬。

服务器的分散

中介制度扮演着重要角色，让资金流动的路径无法追溯。某位法国籍或意大利籍客户在开曼群岛存款，管理其资产的投资顾问可以从日内瓦取得关于他账户的所有信息，但如果检方在瑞士境内寻找相关消息，将无法找到任何可以追溯至投资顾问的线索，因为投资顾问极可能与位于泽西岛或根西岛的某家空壳公司签有中介契约。

尽管投资顾问直接管理客户的资产，但不论是日内瓦的计算机系统，还是专门存放银行客户所签署文件的中央系统，都没有留下与此有关的任何蛛丝马迹。实际上，信息存储在位于开曼群岛的银行分支机构的服务器里，也可能存储在位于日内瓦的银行的服务器里，但从法律上讲，信息仍然无法提供给银行之外的其他公司。

我在汇丰银行参与过一个在英国建立数据中心的项目。有了这个项目，在瑞士实施扣押的检察官将搜寻不到任何重要的东西，因为日内瓦的员工将数据发至英国，而实际掌管银行各种操作的服务已移至印度。如此一来，若是银行的前台部门为完成某项操作而要求中间部门提供信息，他们就得汇集来自印度、英国和其他国家的数据。

互联网的发展造就了这个整体架构。将服务器和计算机系统移至瑞士境外的做法再次指出，所谓的“拼图法则”通过分散信息阻碍了信息的追溯。银行不只将这一招用在计算机系统上，也用在了资金、经理、投资顾问和资料上：在它们看来，增大核查的难度等同于提高安全性。

用来分散信息的途径与中介在概念上是一致的。查阅一项信息得通过人员、公司或国家。分散信息的用意在于控制局面。

投资顾问的权力

投资顾问显然大权在握，因为他们为银行带来金钱，他们管理银行与客户间的关系，但他们与银行之间往往存在冲突。每位投资顾问都可能同时为几个不同的机构服务，并扮演着不同的角色。他可能在某家银行担任主要投资顾问，同时为另一家银行担任掮客。事实显示，大多数的客户将钱存在不同机构的多个账户中，平均与三家银行往来。因此，管理银行客户投资行为的投资顾问，他的业务范围势必超出单一银行，换言之，他将与所有相关的机构有往来。

在汇丰银行，特别是在重整计划开始之际，引爆了冲突。那时，银行决定限制或更改部门行动的范围，比如说，将所有做钻石生意的客户归入同一组。在这种情况下，银行所关心的是，将与那个行业无关的客户交给其他投资顾问管理。但原先的投资顾问并没有将客户转给另一个投资顾问，而是转到另一家银行，继续管理其投资组合或担任掮客的角色。这所有的一切并没有什么奇怪的：投资顾问将一位客户介绍给银行，并根据详细拟定的合约收取一定的酬金，这是很正常的事。而一位投资顾问若是离开一家银行，仍会与该银行保持关系，因为这是中介制度运作的方式。这种经济模式建立在所管理金额的基础之上。仅此而已。

这一原则也适用于该银行设有分行的其他国家，但在意大利、法国和德国，藏匿脏钱等服务比较难找，因为那些国家的管理部门可能会将之取缔。这就是为什么近几年，在打击逃税并非优先事项的国家中，各银行纷纷开始努力经营。汇丰银行会建议其意大利籍和法国籍客户在海外开业。这几个国家的企业家被鼓励在摩纳哥等国家成立公司、开设账户，然后将资金转至瑞士。该账户的受益人将是摩纳哥公司及其董事，但他们都是意大利人或法国人。银行以这种方式规避控制和问题。

这些法律制度往往是为了维护权力较大的那些人的利益。举例来说，在瑞士，员工不能出面作证控诉他所效力的银行。此外，瑞士司法部门往往以申请内容不准确、不完整或过于笼统为由，拒绝他国检察机关所提出的合作请求。根据瑞士刑法，若发生洗钱的犯罪行为，投资顾问是唯一必须负责的人。银行能以缺乏监督作为回答，但金钱来源的责任永远落在投资顾问身上。尽管如此，大多数情况下，投资顾问仍能逃过一劫。汇丰银行曾爆出为犯罪组织洗钱的案件，负责该客户的投资顾问被判处六个月以下的有期徒刑，并获得缓刑，最后那位投资顾问根本没有入狱。银行撤销了他所在的部门，该部门原本负责以色列和地中海国家，银行也以无法确定客户的资金是否为脏钱为由，要求他们关闭账户。银行主管不知道如何处理这种状况，但他们也不会请求司法机关展开调查或检举可疑的客户，他们只会请客户转到另一家银行。

投资顾问是免费的打手，他们未必是银行的雇员，但被赋予最大的自由，可以同时负责管理多家银行的客户。为了监控投资顾问的活动，汇丰银行利用黑莓系统的邮件服务器建立了一套跟其他银行互通的系统，该系统可以进行加密交易，在网络上也不例外。此外，若是使用者连续三次输入了错的密码，这个系统也提供过滤、整理和删除所有信息的功能。如果有投资顾问带着客户的文件在国外被查获，便可以用这个系统来删除内存中的敏感数据。

为了逃避监管，有些投资顾问购买了一种软件，能将信息隐藏在某些加密邮件中。操作方式很简单：投资顾问为三位客户分别设立账户，软件将信息拆分为三个部分，三个部分会分别进入瑞士境外三个不同的服务器。每个邮件只包含数据的一部分，因此无法被单独解读。投资顾问若想找回完整的信息，软件会自动将所有的部分组合起来，形成完整的原始邮件。即使银行没有涉入此事，这个系统也反映了环球信息管理系统的监管模式，该系统能将关于某位客户的分散在蒙特卡洛、苏黎世、日内瓦、卢加诺或卢森堡的所有信息汇集起来，显示在计算机屏幕上。这个系统的目的在于背着银行或司法部门将信息隐藏起来。检察官若是查获投资顾问的计算机，根本查不出任何东西。

瑞士将大多数客户的资料转移到国外。当时汇丰银行有一个项目，计划只将财务账户受益人的姓名保存在日内瓦，因为此类信息受到银行保密制度的保护，而将其他所有信息都存储于瑞士境外。如果说管理一个账户必须处理100条信息，那么与受益人的姓名有关的信息会存放在瑞士，而其他99条信息会存放在国外。近年来，各种系统、数据和信息被分割成不同的部分，分别存放在不同的国家，以便对它们进行更好的监管，防止任何司法机关采取扣押行动获得与客户有关的信息。

几年前，检察官可以要求扣押瑞士境内的某个服务器，并确信能从中找出所有他想要的信息，如今情形已非如此。信息不再保存于瑞士，而是遍布全球，不受银行保密制度约束的一切都可以自由地流通，而这也使得金融界愈发不透明。类似的机制也适用于企业，企业可以在避税天堂成立公司或利用已经存在的一般公司或控股公司，以逃税或支付低额利率。对于调查人员和税务机关而言，找出提供此类金融服务的地点变得愈发困难。因此，在卢森堡和荷兰等税率很低或免税的国家，这种实际上不从事任何经营活动的空壳公司如雨后春笋般涌现，因为能创造产值的活动发生在其他地方，这与许多欧洲国家的情形形成强烈对比。为了打击逃税和税务欺诈，我们必须了解此类机制。然而，若没有内部人员的披露，我们将永远无法认识这一切。

增值税欺诈

对于某国的税务机关而言，要弄清楚在该国境内活跃的某家公司实际的营收已变得非常困难。在这种情况下，事情的关键就不再是银行保密制度——当然，一旦涉及将钱转至避税天堂，银行保密制度仍扮演着至关重要的角色——而是职业保密制度。职业保密制度让我们无法得知某家公司究竟是一家空壳公司，还是一家实际经营的公司，我们无法得知某家咨询公司是否真的提供咨询服务，更无法得知某家公司收到或支出的款项是否正当合法。职业保密制度有助于隐瞒企业信息，让我们无法弄清楚该企业必须缴纳多少税金，促使企业隐瞒与其生产过程、产品销售以及提供的服务有关的信息。

职业保密制度也是增值税欺诈的主因，而增值税是欧洲国家主要的税收来源。谋划税务欺诈的国家利用国与国之间的三角关系，以较低的价格销售其产品，不缴纳增值税给依法应该收到税金的国家。

比方说，总部设于意大利的A公司生产一种价值100欧元的产品，并将该产品以不含增值税100欧元的价格销售给位于法国的B公司。接着，B公司将该产品以120欧元的价格转卖给同样注册于法国的C公司，其中包含20%的增值税。因此，B公司应支付20欧元给法国政府，但它并没有这么做，而C公司成功地让法国政府将它支付给B公司的增值税退还给它。接着，两家企业再彼此分配它们以欺诈的方式得来的20欧元。同样，C公司可以用极低（比如说95欧元）的价格将该产品卖给位于别国的D公司，提升自己在市场上的竞争力。几天后，没有缴纳增值税的B公司宣告破产，然后原班人马又另起炉灶。同样的骗局可以不断上演。

这些称为“旋转木马避税法”的欺诈手法，使欧洲国家每年的亏损达数百亿，因为增值税是欧洲各国的国家预算最重要的资金来源：一般而言，增值税的税收是其他所有税收总额的两倍。这些所谓的高频交易公司（high frequency creations）在两三天之内成立，进行诈骗，然后迅速消失。只需分析票据便能发现这些公司的存在，这些票据往往内容相似，只是开立发票的公司名称不同。

在打击增值税欺诈方面，各国加强合作极为重要，但许多国家（如意大利和德国）以国家主权为借口，总是置身事外。只要公司登记的办事处所在的国家取消其增值税编号，阻止该公司继续在国外从事销售或购买，或警告其他与欺诈犯合作的公司，便能有效遏制欺诈。这都是一天内可以完成的操作，但这些国家往往耗时两年才能完成。

另一个可能的解决办法是像银行那样在国与国之间建立结算

所。此外，也可以考虑一种参考企业营业额增长计算的累进税率增值税。在采取这些措施之后征收增值税，公司会乖乖地缴税给国家。然后各个国家在结算所分配各自的金额。但如此一来，就无从得知其退税对象是否向哪个国家缴了税。

被出卖的信任

尽管银行体系极不透明，但瑞士当局也可能察觉到情况异常，此时所采取的唯一措施是几百万瑞士法郎的罚款。银行会在几个小时内支付罚款，以防止负面消息传播。

同样的沉默逻辑也支配着税务机关，后者特别关注信息的保密。如此一来，只有在特殊情况下，即嫌犯不愿合作时，消息才会在新闻媒体上披露。

2009 年，我曾向瑞士金融市场监督管理局（Finma）检举汇丰银行内部的问题。在几位律师的协助之下，我准备了一份报告书，因为匿名检举是不合法的。瑞士金融市场监督管理局的回复是，他们会对此展开调查，但他们不会传播任何有关的消息。他们声称会密切关注汇丰银行，直到它不再有任何不合法的现象。这意味着，在那之前，他们并没有监督银行。

管理大笔资产的机构与其客户间有种非常特殊的关系，跟我们习惯将自己的活期账户委托给正常商业银行的那种关系截然不同。汇丰银行会设法满足账户持有人的所有愿望，比如说，为客户的儿子支付学费；邀请客户到银行内部餐厅共进午餐并讨论如何将存款用于投资；发函给客户，邀请他去巴黎的罗兰 · 加洛斯球场观看法国网球公开赛，去蒙特卡洛观看一级方程式大奖赛，或参加其他由银行买单的社交活动，让客户可以一边看表演一边谈生意。当一个像舒马赫那样的大客户来到汇丰银行的蒙特卡洛分行时，投资顾问会跟他一起用餐，并整天陪伴他。一切都经过谨慎安排，不会有人知道舒马赫的到来或打扰到他。

会谈报告书也显示出银行如何管理此种关系。客户往往被要求用假名，以防被认出。有一些投资顾问白纸黑字地记载了他们前往比利时时采取的预防措施，因为当时比利时司法部门正在进行对银行而言有潜在风险的调查。首先，他们会避免携带可以识别客户身份的文件，使用电话也非常小心。会谈报告书中最吸睛的是：投资顾问们处心积虑地阻挠比利时司法部门的调查，妨碍当时正在进行的法律程序。

为了避免负责刑事调查的检察官发现可以追溯到瑞士存款的线索，直接与客户联络的投资顾问和实际上为客户管理资产的投资顾问往往不是同一个人。两个人便能辩称彼此是朋友，作为他们之间密切联系的借口。出于这个原因，投资顾问往往知道客户子女的姓名或有关客户私生活的其他方面，如此，为客户管理巨款的投资顾问得以客户朋友的身份示人，这也是他工作的一部分。

私人银行中，友谊是重要的元素，但投资顾问可能会利用客户的信任感。史蒂文·特罗斯诈骗了汇丰银行的众多客户，其中包括舒马赫，这个案例表明银行的优势也可能成为其弱点。

若是计算机系统允许有人为客户更改诸如存款金额和资金动态之类的重要信息，也是具有危险性的。举例来说，在日内瓦，管理电子账户明细的系统的追踪性低于旧版本系统，其信息可以变更。我自己也对电子文件管理系统项目做出了贡献。该项目将一个只读光盘系统升级为一个允许进行任何更改的系统，这是银行所希望的。在当时的几个解决方案中，也有不允许更改数据的选项。我们当时坚决要银行选择这个成本较高的方案，但管理层不同意。

2.3　意大利、希腊及其他国家

意大利，跨出一步后受阻

与意大利的合作始于 2009 年，在此之前，我已跟法国公共财政总署的署长面谈过，当时，法国境内的调查已被压下，此事大局已定。在我计算机中查获汇丰银行文件的事件尚未公开，与我有关的这个案件，至少从官方的角度而言，对意大利人来说根本不存在。我与意大利财税警察在最保密的状态下共事，我们采取了各种预防措施，以防有人得知我跟意大利之间的合作关系。我们在军营里工作，出于安全考虑，我经常得留在那里过夜。会面地点若是旅馆，我会戴上一顶帽子，以防监控器捕捉到我的相貌。我在意大利境内的活动由合作伙伴们安排。我向他们解释银行的运作方式，而他们通过官方渠道提出了司法协助的请求，等待收到关于汇丰银行账户的完整信息，但法国从没答应将其手中握有的完整文件交给意大利当局，只将与意大利籍客户有关的资料交出来。

我经常前往意大利，特别是都灵，我主要的工作是向调查人员解释银行的各种系统，一直到2010年年初，意大利财税警察才借助国际行政合作协议取得了几份汇丰银行的客户名单，于是我开始着手处理数据。不久后，都灵检方收到了尼斯方面的文件。从那个时候开始，意大利人才开始谈论“法尔恰尼名单”。在那之前，所有人的着眼点都局限在将客户数据弄到手，他们不关心整个银行的运作机制，但都灵的检察官吉安·卡洛·卡赛利（Gian Carlo Caselli）与其副手阿尔韦托·佩尔杜卡（Alberto Perduca）都很想了解汇丰银行的营运方式。我向他们描述了许多银行界幕后的秘密，但关于掮客制度方面的信息，没能更深入地提供。

总而言之，相较于其他国家，意大利获得了较多信息。意大利财税警察针对名单展开了严密的调查，汇丰银行日内瓦分行的某些客户的名字登上报纸杂志。这一切都在非正式、未保密的情况下进行，调查机构针对汇丰银行档案某个非常特殊的部分做了调查。调查人员锁定黑手党成员搜寻，并查获了关于他们的资料。

2011年年中，意大利几位情报官员问我，是否可以将云端里从未披露的那些资料拿来作为情报使用。他们向我提出了工作邀约，因为一旦获得数据，他们必须弄清楚如何分析，而我是唯一有能力做这件事的人。我向他们解释，我可以像一直以来那样继续以不要薪水的方式协助他们。我手头没有很多钱，但我在法国索菲亚科技园的研究中心有一份工作，我不想受他人左右而失去决定权，更不想从属于任何政府。

尽管我有合作的意愿，取用云端资料的想法仍遭搁置，因为罗马方面命令我们终止一切行动：他们禁止我们取得和分析那些数据。那是 2011 年的夏末。当时的意大利总理和经济部长分别是贝卢斯科尼与特雷蒙迪。整件事的关键在于，意大利的法律与西班牙的法律有所不同，前者不允许司法部门采用以非官方渠道取得的信息。然而，长期以来，意大利财税警察持续调查瑞士境内的银行，他们已经发现，在意大利境内也可以遥控瑞士联邦境内开设的账户。因此，2009 年 10 月，意大利财税警察搜查了几家瑞士金融机构在意大利境内的分行，并查获了一些数据。与此同时，他们也针对所有分支机构开展了这项行动。尽管如此，银行从未成为标靶：调查的对象只限于那些在海外存款的银行客户。

与华盛顿的合作

2009 年我开始与意大利合作时，美国的调查人员也与我取得联系，邀我到华盛顿与他们共事。但情况有点复杂，因为美国人没有找到任何对等的法国司法部门来商讨我的定位，尽管有几位法国人表示支持我前往美国。关于这一点，支持者和反对者之间产生了冲突。问题在于，如何让我在为美国人工作的同时仍继续忠于法国。我不想冒与法国为敌的风险，因此，我决定继续留在欧洲，在没有任何对等性的处境下与美国合作。美国司法部和国税局的人员以美国驻巴黎大使馆随员的身份作掩护，受外交豁免权的保护，借此继续助我一臂之力，将可能派得上用场的信息传给我。但他们也警告我，“Watch your back”，要我别掉以轻心——他们知道我身陷危险之中。

2012 年 6 月，就在美国参议院的正式报告出炉之前，美国的检察官告知我有关汇丰银行案的事，他说，那家银行已人赃俱获。银行已落入他们手掌心，意即他们在谈判方面已占据有利地位。在美国，司法是一件可以拿来讨价还价的商品，一种有输有赢的经济游戏，一场赌注极高的牌局。后来，汇丰银行被美国政府处以 19 亿美元的罚款，但没有任何银行员工被判刑。如果个人受到制裁，则等于明确了一件事：员工可能因为执行上级的命令而锒铛入狱。时至今日，唯有吹哨人可能面临牢狱之灾。实际上，美国人根本没有谴责别人的资格，他们也同流合污。只要想一下特拉华州、迈阿密和其他位于美国境内的避税天堂，便很容易了解这一点。

美国人知悉关于汇丰银行的所有秘密，他们大可以让许多银行家和银行高层管理人员入狱，但他们没有这么做。因为他们只是想借此勒索银行，诱使他们满足美国而不是瑞士方面所提出的要求。美国人只想防止其他国家取得与他们同等的优势。我们身陷一场真枪实弹的经济战争之中，但把一位银行家送入监狱是危险的，因为此种做法等于是攻击整个体制。汇丰银行大到惹不起——之所以这么说，是在保护某种既有的商业和经济模式。美国人根本无意指控银行的营运与交易机制，相反，他们只想达成某种能给他们带来好处的协议。与其说美国司法为正义而行动，我觉得这一切看起来更像是一场商业谈判。

美国对瑞士开战，是因为如果世界流通的主要货币是美元，那么对美国人是有利的，但存放在瑞士的银行里的那些钱是瑞士法郎。美国原本便占有优势，因为美元是国际交易所采用的货币。我们根本不需去美国，只要用美元谈生意，便参与了美国的经济。

一个以美元计算的世界确保美国能够决定并控制一切，因为所有的资金流动将通过其货币来进行。这场争霸战极可能是为了不让人民币取得优势而打响的，换言之，中国才是其真正的对手。从这种角度看，与其说克敌制胜，美国人其实是在寻求盟友。他们意在签署贸易协议，因为目前中国非常强势。

美国指控汇丰银行协助毒贩洗钱，在将大笔罚款放入口袋后便收手不干了。他们很可能就汇丰银行案与瑞士方面达成某种协议，至少这是我与美国官员共事时看出的迹象。换言之，美国客户在瑞士境内设有账户，银行主管却没有向美国税务机关申报，然而他们无须为此负责。向美国国税局申报那些账户，原本就是汇丰银行的职责。只要浏览 Facebook，便可轻易得知哪些人在美国境内工作并住在美国。但银行并没有这么做。

希腊的骗局

2014 年初，我与希腊杂志《热门档案》（*Hot Doc*）的主编科斯塔斯·瓦克瑟瓦尼斯（Kostas Vaxevanis）在巴黎会面，此前，他刊登了所谓的“拉加德名单”，即汇丰私人银行希腊籍客户的名单。他希望找出一个可以向希腊同胞解释清楚的重点事件，他对于希腊经济部长的前妻或希腊前总理帕潘德里欧的母亲所涉案件特别感兴趣。我告诉他，搞清楚一个人的财务状况是很难的事，因为所有的法律都阻止我们这么做。但他无法明白，如果我们要将与汇丰银行及其客户有关的新闻公之于众，就得钻法律的漏洞。他自己已经以身试法，并尝到苦头，先前他因泄露“拉加德名单”而遭到逮捕和起诉。事实的真相是，如果我们遵守法律规则，根本不可能取得这些信息。所有的一切都在防止有人泄密，坚持让世人知道真相的人则冒着受到司法指控的危险。法国法律只保护挺身揭发贪腐的公务员，却不向私营机构的雇员提供任何形式的保障。

2010年，担任法国财政部长的是克里斯蒂娜·拉加德（Christine Lagarde），而当埃里克·沃尔特声称握有3 000名在瑞士设有账户的法国籍逃税者名单之后，取代其担任财政部长的则是弗朗索瓦·巴鲁安（Francois Baroin）。调查显示，名单中的人名部分来自法国司法部，部分来自情报机构。法国前财政部长的声明足以让某些汇丰银行的客户质疑那些文件在法律上的正当性，他们宣称那些数据源不明。法国政府等于是踢了一记乌龙球。就在此时，拉加德将汇丰银行希腊籍客户的名单交给了雅典政府。

2011年领导协商并带头要求希腊政府尽快接受"三驾马车"[①]救援条件的任务，落入萨科齐手中，萨科齐因为握有那份名单、掌握了那些人的名字，得以向帕潘德里欧施压。就连德国总理默克尔也拱手将协商的主导权交给了法国总统。两国都希望保持市场筹措资金的可能性，并规避希腊扰乱债券市场的风险。跟美国的情况一样，汇丰银行的名单被用来作为勒索的武器和谈判的筹码。

名单在希腊消失了。我曾经要求科斯塔斯·瓦克瑟瓦尼斯让我跟他认识的检察官谈话，并试着在他与法国之间牵线，但最后没能成功。只要每个国家中的一位法官有意愿，便能让调查展开，

① 希腊从2010年开始陷入债务危机，"三驾马车"（即国际货币基金组织、欧盟及欧洲央行）坚持要求希腊紧缩政策才能进一步得到贷款。

但希腊就像其他国家一样，从未正式展开任何调查。

比利时、阿根廷、巴西、英国和加拿大

2013 年春天，也就是足足拖延了三年之后，比利时才针对那些设立在汇丰银行日内瓦分行的账户展开调查。被牵扯进来的，是数百名钻石商，涉及的金额高达 30 亿欧元。比利时为此派出了一名检察官和一名调查人员。钻石产业占比利时国内生产总值的比例极高，却仅仅指派了两个人，让他们独自承受所有的压力。调查展开的消息一传开，瑞士便向钻石商献计，建议他们从安特卫普搬至日内瓦，因为日内瓦的法律制度对他们而言较为有利。尽管资源有限，检察官和调查人员还是取得了优异的成果，他们甚至成功地与法国和西班牙检察官组成跨国团队，联手在欧洲调查汇丰银行案。跨国团队反过来带给比利时法院更多力量，让他们得以继续调查。这与过去在比利时所发生的状况有所不同，这一次，推动一系列调查的信息都是合法信息，调查人员得以在一个良好的基础上进行调查。因此，瑞士的银行被指控包括洗钱在内的多项罪名。

钻石贸易主要发生在由加纳、多哥和迪拜所组成的铁三角地区。贸易活动中，首先是向安特卫普的银行贷款，再去加纳购买一定数量的黄金，接着前往多哥，用黄金购买钻石，然后在迪拜取得一份用来证明宝石来源合法的鉴定证书，最后带着鉴定证书回到安特卫普的市场上贩卖钻石。事实上，那些钻石便是所谓的“血钻石”，它们来自战区，经过铁三角的“漂白”和“正名”之后被带回比利时贩卖。在这个案例里，仍然是通过中介制度才让

一切发生得不着痕迹，无后顾之忧。

比利时司法部门调查的钻石商，在汇丰银行的日内瓦分行设有未向官方申报的秘密账户，并通过成立空壳公司，隐藏涉及宝石交易的贸易公司所有人。事实上，那根本不是什么真正的交易，因为那些企业的老板是同一个人：他们藏身在空壳公司背后，自己跟自己做买卖，而空壳公司存在的唯一目的便是掩盖真相。

令调查人员感到震惊的是，银行负责保管及管理企业数据，以及空壳公司正牌老板的数据；银行管理其账户，知道几家公司之间的关系。这是银行提供给钻石商的常态性服务。

此事让我们了解到，一切都是经济战争的一部分。重点在于竞争与供需，而信息占有举足轻重的地位。一个国家可以决定不向另一个国家提供所有的信息，以在谈判中取得优势。几位资深的法国官员曾向我表示，印度政府得到了一份汇丰银行的客户名单。他们会这么说，其实是因为当时法国政府想卖战机给印度。同样的事情也发生在巴西，法国政府与巴西政府洽谈了一些有关武器买卖的合约。

阿根廷是另一个以贪腐闻名的国家。我们通过团队的朋友通知当地人马，告诉他们法国这边有位法官愿意与他们合作，要是他们来法国一趟，合作便能迅速展开。2014 年 9 月，阿根廷政府终于收到了一份包含 3 000 人的汇丰银行客户名单，于 11 月底控告汇丰银行涉嫌协助某些阿根廷公民逃税。

汇丰银行的南美客户当中，为数最多的是巴西人，有将近 10 000 人。然而，巴西官方从未正式要求得到那些资料。他们低调地弄到了一些数据，但没有人知道事情的来龙去脉。所有的一切都在协议下进行，数据再次成为谈判的筹码。

德国也在不对外公开的情况下获得了信息。另外，英国早已借助“拉加德名单”收回了 1.3 亿英镑。加拿大则收到一份文件，内含 1 800 位加拿大公民的账户数据，该国司法部门已经对这些客户展开调查。

2.4　转折点

萨科齐败选，奥朗德掌政

我与几个国家，尤其是法国的调查人员合作至今已有六年之久，每次见到他们，我都会为一件事深感吃惊：尽管阻碍重重，关于汇丰银行的调查仍在持续进行。有些调查人员告诉我，他们见过许多像我这样的案例，而且过往的案例中调查都会被迫停下来，要么因为数据的取得方式不合法，要么因为缺乏可以指认逃税者的关键数据，要么因为调查人员不清楚私人银行的运作方式。因数据源不合法而无法调查，是避税天堂的防身利器。但在我的案例里，瑞士检方扣押数据的举动让所有数据可用。

在此类情况下，外交扮演着非常重要的角色。美国与瑞士之间、瑞士与法国之间所达成的协议，被当成丰功伟绩来宣传。就拿“情报自动交换协议”来说，各国付出了极大的外交努力才让瑞士同意签字。这是为了实现何种目标？情报自动交换看似一只圣杯，一种能够击溃逃漏税的终极武器，但我们知道，这根本不够。这种协议只能捕到“小鱼”，只有“小鱼”会申报其带到海外的资金，但是“大鱼”会找到能继续为所欲为的其他途径。

2014 年 6 月，法国财政部长米歇尔·萨潘（Michel Sapin）宣布，在汇丰银行案引起轩然大波之后，有 29 000 人表示愿意让自己的税务状况合法化。以每人平均将近 100 万欧元来估算，会有 2 800 亿欧元重见天日，而这仅占汇丰银行日内瓦分行所管理资金的 1/3。这些资金的回流让法国政府在 2014 年收回了 180 亿欧元的逃漏税，而这个数目足以让法国所有贫困家庭免税。

因此，我们所采取的策略在打击逃漏税方面取得了一定的成效。但为此付出代价的却是那些在海外存款低于百万欧元的人，也就是在汇丰银行和其他私人银行眼中利润较低且不具吸引力的客户。相反，借助空壳公司所掩饰的大宗非法资金流通，则被国际条约所忽略。

“大鱼”即使入网，也可以靠关系让自己以极小的代价脱身。而这便发生在西班牙。正如我们之前谈到的，桑坦德银行的大老板埃米利奥·博亭的名字也出现在汇丰银行日内瓦分行的西班牙籍客户名单中。这位银行家跟西班牙财政部长克里斯托瓦尔·蒙托罗（Cristobal Montoro）达成协议，最后只支付了逃漏税款的 10%，尽管蒙托罗曾公开表示汇丰银行案是西班牙历史上最严重的逃税案。这位银行家是一个亿万富翁，是欧洲和拉丁美洲第一大银行的老板。他逃税 280 亿欧元，却只付了 2.86 亿欧元税金，此外，西班牙并未对他提起任何刑事诉讼。

2010 年，在达沃斯，外交力量在汇丰银行案之类的案件中所起的作用显露无遗，萨科齐向当时的瑞士联邦主席多丽丝·洛伊特哈尔德（Doris Leuthard）承诺，他将不会使用在我计算机里所查获的汇丰银行信息，也不会允许完整的信息流入其他国家。的确，那之后的三年间，司法调查毫无进展，没有一个国家能够取得所有的信息。有四年的时间，法国司法部门的调查机构并没有得到所需的支持。政界无意让调查持续进行。

2012 年春天，从这个故事开始算起已经过了三年六个月，所有的调查仍停留在初步阶段。发生了许多事，好几个月的宝贵时间就这样被浪费掉了，尽管法国宪兵队已经掌握了足以展开正式调查的确切资料。当时，尼斯的检察官德蒙戈尔菲耶已被撤职，巴黎方面还没任命新的官员。与此同时，瑞士是唯一收到完整数据的国家。这对于这场打击腐败和逃漏税的斗争是非常沉重的一击，瑞士知道法国当局掌握的汇丰银行客户是哪些人，可以设法拒绝调查此案的其他国家所提出的跨国法律援助请求。

但 2012 年 5 月发生了一件出乎意料的事件。萨科齐在总统大选中落败，社会党的弗朗索瓦·奥朗德入主爱丽舍宫。一周后，我的手机响了。三年过去了，法国司法部门终于同意与美国法官合作，要求我到巴黎与他们会面。

如今情势已很明朗，在社会党执政的新政府里，将由杰罗姆·卡于扎克接任财政部长。两年前，我们曾经试图与时任国家财政委员会主席的他联系，也曾公开请求针对汇丰银行案展开调查的社会党国会议员阿诺·蒙特布尔（Arnaud Montebourg）让卡于扎克和我的律师里佐会面，让我们向他解释银行的情况。但卡于扎克并没有答应，他的哥哥安托万（Antoine Cahuzac）当时是汇丰银行在法国的高层管理人员。后来，法国权威调查新闻网站 Mediapart 的记者揭发卡于扎克拥有一个从未向法国政府申报税务的瑞银集团（UBS）账户。该账户后来被注销，账上的资金被转到新加坡，卡于扎克也因此被迫辞职。

6 月 1 日，我前往巴黎与美国人会面。会面的地点约在拉雪兹神父公墓附近的法国国家宪兵队办公室，法国国家宪兵队打击金融犯罪，专门负责搜索与调查。我独自前往，见到了一名美国检察官、一位法国法官、一位翻译以及几名美国国税局（IRS）的人员。我跟他们待了一整天。法国的法官和美国国税局的官员知道这件事已经很多年，他们要我确认并澄清关于汇丰银行内部系统的某些事。我们聊到结算所、金融产品、中介者扮演的角色、全球管理信息系统等信息系统，以及账户的管理。

那一天，我把之前我曾向美国的调查人员解释过的一切告诉他们。我所讲的可以帮助他们了解银行的运作方式，并用于台面上的调查。7 月 17 日，即巴黎会谈一个半月后，在公布的美国参议院常设调查委员会的报告书中，汇丰银行被控协助墨西哥毒贩洗钱、涉嫌与资助伊斯兰恐怖主义的银行从事金融交易等罪名。这些都是经济战争的一部分，正如我们之前提到的，美国自己也有诸如特拉华州和迈阿密等避税天堂，但他们试图将对手的避税天堂连根拔起。

在巴塞罗那被捕入狱

通过法国国家宪兵队、警方和海关，我一直与情报部门保持联系，他们教我如何保护自己。一名保镖与特工组织合作，负责保护我的安全。

跟美国法官会面后不久，我的保镖告诉我，我有生命危险。他认识的卧底在特工组织中的人马建议我前往另一个国家。唯一一个我有机会触发检方展开调查的国家是西班牙，尽管在那里我有被引渡到瑞士的风险。的确，西班牙的调查人员早已根据从我计算机中获取的信息展开几次调查，他们渴望拥有更多的信息。这一点让我毫不犹豫地做出前往西班牙的决定。

旅途是危险的，因为我出境的消息很可能会传到那些想阻止西班牙展开调查的人耳中。有意阻挡我的那些人可以制造一场假车祸杀人灭口。这其中牵扯的利益高达几十亿，许多人担心检方再度展开调查。我还冒着另一个风险，那就是一旦被捕，西班牙法院可能会批准瑞士的引渡请求，或者有人会在我与检方展开合作之前在监狱里把我做掉。此外，法国的税收管理的保密性受到法律的保护，关于汇丰银行的信息并没有全部交给法国司法部门，而这可能会引起问题。

不过我别无选择：如果我想继续走下去，就不得不启程前往西班牙。这一次的行动也经过了仔细的策划。根据计划，我将从法国南部的塞特港搭乘渡轮前往巴塞罗那。到达之后，警方会在检查护照时将我拦下。我的保镖将全程陪伴我。

我们在 2012 年 6 月 30 日傍晚时分乘车抵达塞特港，并于晚上 11 点上船启程。我们坐了 10 个小时的船，是唯一在巴塞罗那下船的人，其他人都继续前往摩洛哥。我的贴身保镖离开我去取车，他将在城市里停留 4 天，在远处守护我。而西班牙警方早就等着我的到来。几位警官问我是不是埃尔韦·法尔恰尼，我回答是，他们便将我带到警察总局。网民告诉我，7月1日，将会有一场调查听证会，由一位立场对我最有利的法官主持，现场将有一名辩护律师协助我为自己辩护。但我并没有太在意此事，我的注意力完全放在西班牙反腐检察官展开司法调查的可能性上。

巴塞罗那法官宣判此案不在其管辖范围内，认为我这个案子应交由位于马德里的负责反恐诉讼的西班牙国家法院（Audiencia Nacional）进行审理。等待被运往西班牙首都的我，被关入巴塞罗那的模范监狱（Cárcel Modelo de Barcelona）——一所破旧不堪、恶名昭彰的监狱。我跟一个多米尼加人关在同一个牢房里，后来又来了一个摩洛哥人。另一位狱友是加泰罗尼亚人，一个吸毒者。我每天只有一小时的时间可以到户外透透气并舒展双腿。我唯一能做的就是等待。为了不让等待的感觉太过漫长，我读起了巴塞罗那的《先锋报》。一连20天，他们不允许我与任何外面的人谈话，即使是我的律师也不行。

动身前往马德里的时刻终于到来。我被囚禁在狭小的笼子里，被迫蜷曲着身体，一连坐了两天的车。我还待在模范监狱时，他们告诉我旅途中可能会遭遇的折磨，夏天可能会有窒息的危险，冬天则可能因低温而冻伤。囚车一天走250公里，夜里我们会被交给一所监狱看管，这是西班牙当局应对巴斯克的“埃塔”恐怖组织期间所制定的安全规则。同行的还有一些毒贩，他们之前在离家人最近的监狱里，跟我一样即将被交给西班牙国家法院审理。我遇到了两个操着浓重罗马口音的意大利人，他们看起来也像是被拘留的嫌疑人，直到他们告诉我，一切都进展顺利，要我不用担心，情况已得到控制。我感到惊喜，因为这意味着我并不孤单。

他们将我带到马德里的巴尔德莫罗监狱，有两三天，我被暂时安置在入口处的临时牢房里，等待监狱空出一个位子给我。我不能跟我的妻子通话，因为当时他们还不允许我拨打我提供给狱警的电话号码。我提前告诉过她，我可能会消失个几个月，但我没告诉她其他的事。

监狱被分为几个不同的区域，每个区域有 150～200 名囚犯。我被分到第一区，即犯罪情节最严重的区，这里关的是在监狱内贩毒或谋杀狱友而必须长期服刑的囚犯。监狱的走廊和牢房都很脏，得费很大的劲才能争取到去健身室运动的机会。掌控健身室的小组告诉我，我得先等三个月才进得去。监狱里，所有的活动都由囚犯管理，如果他们不喜欢你，会让你处处碰壁，你在里面便不好过。我必须设法让自己获得尊重。

我待的牢房里总共关着两个人，跟我同住的狱友是文森，一个加纳人。监狱闷热得令人窒息，空气不流通，温度往往高达 50 度。即使如此，我感觉自己内心非常平静。经过了这么多年，我终于可以不用思考下一步该怎么走，我只需等待。几天后，我顺利见到了我的律师，我们开始策划跟反腐检察官合作的事宜。

不惜一切代价勇往直前

我在巴尔德莫罗监狱的第一区待了两个月左右，然后被移送到另一个部门。监狱里有几组囚犯，比如说罗姆人[①]为一组。有几

① 罗姆人即常误称的吉普赛人或吉卜赛人。——译者注

种规则规范着我们每天的日程。我跟资深狱友聊天以学习狱中的生活方式。他们向我解释如何才能找到运动的机会，或如何弄到一些图书和报纸。我开始跟罗姆人玩巴斯克的壁球。起初，我只管听，没什么可说的。我用一点点英语、一点点西班牙语跟别人交谈，也用一点点意大利语跟一个家人住在意大利的西班牙人谈话，他隶属于某个专门抢劫银行的集团，特别喜欢抢瑞士的银行。他已经年逾六十，这是他第一次坐牢，他算是狱中绅士组的一员。他希望被转到意大利，因此，我帮他写了一封信给他的意大利律师。很快，我便听得懂西班牙语了。

同时，律师们在准备为我辩护的事宜，他们主要是为了达成我的优先目标——与西班牙检察官合作——而努力。7 月底到 8 月初，我与几位负责反腐的检察官和调查人员首次会面。为了与司法部门合作，首先我得获得假释。我们原本预计大约 40 天的时间便能争取到听证会，实际上花了 90 天。听证会上，法官会针对我能否得到假释做出裁决。法官于 12 月做出裁决，我被迫等了五个月，才得以与检察机关展开合作。但现在，我得面对最艰难的考验：瑞士向西班牙提出了引渡的请求。一个秘密人脉网络暗中行动，设法让两个我不认识的辩护律师加入战局：西班牙的胡安·加尔塞斯，以及法国的威廉·布尔东。加尔塞斯是处理引渡案件的专家，当法官讨论瑞士提出的申请时，有他在，我的处境不至于太糟糕。

如果西班牙批准引渡，对我的家人而言将是一大打击，但对我本身而言，则足以证明，尽管有那么多的资料和我的全力合作，世上仍然没人可以做些对人类有用的事情。我将不得不作出结论：也许时机尚未成熟，世人还无法明白改变体制的必要。我对抗逍遥法外的银行保密制度的历险记，也将随之画上句号。

这些年里，我了解到，对抗逃税、漏税的现象，各国政府并没有足够的资源，政界过于信任金融界，而没有找到足以取得有效成果的工作方式。我在业界看到过最好的工作方式。我了解到，错误的信息可能会隐瞒真相，一般人对于究竟发生了什么事根本毫无线索，调查人员也往往束手无策。尽管如此，我总是努力寻找最恰当的解决方法。比如说，当我见到警方手里既没有可以分析数据的工具，也不了解私人银行的运作模式时，我便试着利用他们已经拥有的资源，以及研究中心里一些免费的分析工具帮助他们。调查也因此取得进展，先是在西班牙，后来是在法国。

蒙特布尔的介入

在监狱里，我一直想着我的家人，以及接下来可能发生的事。我不断告诉自己，如果我被引渡，案件便会就此告终。而如果马德里的反腐检察官办公室决定展开调查，法国便会陷入一种尴尬的处境。因为，届时法国就必须解释为何我全力且无偿地合作，他们却仍毫无行动。

2012 年 12 月，布尔东律师通知我，法官已批准我假释出狱，我将在一周后获释。而事情的确如此发展。我悄悄离开了监狱，甚至没有一份可以证明我已经获释的文件。每隔三天，我得到派出所一趟，在一本登记册上签名。一支特殊的护卫队护送我离开监狱，我在西班牙的每一秒，他们负责在我身边保护我。那些日子里，我用另一个身份过着隐姓埋名的生活。我在隐秘的地方过夜，并遵照护卫队的专业判断，不断变换地点避险。计划极为谨慎周全，防止有人注意到我的行动。同一时间，电视和报纸杂志大肆讨论有关我的案件。

调查在西班牙展开，在法国却仍然受阻。马德里的法官向巴黎方面提出司法互助，但只收到一小部分信息。这不是一个好兆头。于是，我决定进入云端，取得所有有用的档案。那些资料在西班牙可以使用，与法国法律不同的是，西班牙法律允许采用以任何方式获取的信息。若是数据可以作为犯罪的证据，那么资料便能够拿来使用。西班牙是侦办贪腐案件数量最多的国家，因为检察机关有权利用调查人员获取的所有信息。不论在法国还是意大利，都不可能出现这种情形。

西班牙即将展开调查的消息传开之后，持续关注我这个案件的政治人物阿诺·蒙特布尔公开质疑法国法院为何裹足不前。那时，法国检方决定正式展开调查，并将这个任务交给法官范伦贝克（Renaud van Ruymbeke），巴黎法院金融中心的一员。西班牙和法国终于联手合作。各国司法部门间的情报交换，往往因嫉妒和政治操控的野心而受阻，但就此来看，范伦贝克是个例外，他愿意与其他国家合作。他为了汇丰银行案跟西班牙和比利时两国签订的合作协议，便足以证明这一点。申请得到所有信息的国家都如愿以偿。

我开始向西班牙人解释银行的各种机制：银行如何运作、银行内部的营运方式，以及捐客的身份。这项工作非常复杂，因为那些资料已经被搁置多年，但调查人员和法官知道那些资料的重要性，并开始利用它们协助办案。

2013 年 4 月 15 日，我来到西班牙国家法院的法官面前，听取他们对于是否引渡我所做出的审判，那是我来到西班牙一年之后第一次公开露面。西班牙的某些网站会直播这次审讯。负责我人身安全的那些调查人员向我解释，如果我以真面目示人，那将会很危险，因为街上会有人认出我。因此，他们要我戴上一顶假发和一副眼镜。我刻意留了胡子，使我看起来真的判若两人。他们唯一担心的是，有人会在我到达法庭之前杀人灭口。

不过一切都很顺利。虽然这里的律师若向我在尼斯的律师帕特里克・里佐申请相关文件，就可以证明我曾与不同国家的主管部门合作，却没有得到任何协助，但那场听证会仍然非常成功。听证会上，汇丰银行俨然以避税天堂自居一事浮出水面，对于提起诉讼、意图伤害我的瑞士检察官而言，这根本是一记回力镖。事实表明，瑞士法院的诸多声明与事实不符。西班牙法院驳回引渡的请求，我获得了自由。实际上，我只获得一半的自由，因为除了法国、意大利和西班牙之外，其他国家都能将我引渡回瑞士。例如，如果我跑到希腊、比利时或英国，便有被捕的危险。

国际合作团队

2013 年 6 月，就在我即将返回法国之际，我从马德里转机，参与了法国电视二台的节目《现金调查》的现场直播。通过我在巴黎的律师，我给法国财政部长莫斯科维奇（Pierre Moscovici）、法国新任的公共账目部长卡泽纳夫（Bernard Cazeneuve）写了一封信，重申我全面配合协助法国司法部门和政府打击税务欺诈的意愿。西班牙法院裁定不引渡我之后，我得到了回复。两位部长想听听我的说法，然后评估与我合作的可能性。

在马德里，我享有受保护证人的身份，于是，我也向法国申请同样的待遇，但从未获得任何回应。直到电视直播的前一天，我才收到消息说他们已答应我的请求。幸好有电视媒体，事情才有了进展。

接着法官范伦贝克登场了，这是整个司法事件的转折点。在他之前，负责此案的法官一致认为由于这些信息是窃取而来的，因此依法不能使用。在范伦贝克的主导之下，调查又重新展开。我在马德里就应该跟他见面，但是既然我很快会回到法国，我们决定直接约在金融调查团队位于巴黎歌剧院附近的办公室。当时的想法是：组成一个调查团队，一个与西班牙、比利时、意大利及其他国家携手调查汇丰银行案的专业团队。结果只有西班牙和比利时的检察官给予了正面答复。我们跟他们分工合作，要向公众指出汇丰银行案并不是非常态的个案，而是代表着一套全球性的体制，国际社会应群起与之抗衡。

我回到法国之后，便与法国财政部展开合作，我花了很多时间与法国公共财政总干事讨论，究竟可以采取哪些措施来改善税务调查。同时，考虑到我之前在索菲亚科技园的研究中心所从事的工作，于是我推动了一个新的项目，着手开发一种可以分析税务数据的新工具。

贝当古女士捐款赞助萨科齐的政党

在法国，从来没有人调查过瑞士的银行如何运作，就连记者也没这么做过。过去，他们只针对逃税案件挖掘一些真相。然而，中介制度并非汇丰银行特有的制度，所有银行都采用这种制度。瑞士拥有特殊的法律，其司法并不提供国际合作，这是众所周知的事实，可是在法国、意大利和西班牙等国也有财政不透明和逃税问题，令人难以置信。举例来说，各国的政治团体为资助其活动，必须设法筹措资金，非法政治献金也就应运而生。但具体实施需要通过银行和避税天堂，如此一来便无法追溯谁才是政治献金的主人。长久以来，此类做法时有所闻，只是一直没有切实的证据。人们出于直觉意识到这类情况的存在，实际上，资金究竟如何沉入水里，并在另一个地点浮出水面，又或许恰好流到某政党的金库里，有关的机制没有人亲眼见证过。

相较于其他案例，欧莱雅集团的老板莉莉安·贝当古（Liliane Bettencourt）的案例让法国人清楚地了解这些体系的运作方式。这个受到法国司法部门调查的事件，让人明白银行如何帮助资金非法流动，也让人清楚看到如今这已是普遍的做法。

这个案件始于贝当古的管家于 2009—2010 年所录制的秘密录音，调查指出了以下疑点：隶属于萨科齐党派的公共账目部长弗洛朗斯·韦尔斯（Florence Woerth）的妻子，受聘在欧莱雅的“家族办公室”管理其家族资产，以及世界上最大化妆品公司的这位主要股东将资产藏匿在海外的事务。消息指出，贝当古这位富有的女继承人在瑞士拥有两个未申报的户头，并在东非塞舌尔共和国拥有一个岛屿。据闻沃尔特是知情的，但他选择睁一只眼闭一只眼，更严重的是，为资助 2007 年萨科齐的竞选活动，时任政党司库的沃尔特收取了来自贝当古的非法政治献金。司法机关正针对此案进行调查。

这位富婆的账户当然不是直接登记在她名下，而是挂在投资基金或公司下面。在一系列中介手法的掩护之下，根本不可能追溯到资金真正的拥有者。要做初步的重建非常容易，通常会指向一项投资基金，基金背后的自然人是谁却不得而知。

此种情形也发生在贝当古的资金上。但法国调查人员没有机会追查贝当古在汇丰银行的资金的流向，他们的任务只限于调查那些已经定罪的人，因而忽略了其他相关人士。直到最近，他们才以涉嫌非法储蓄和通过税务欺诈洗钱等罪名展开调查，因为瑞士境内银行的投资顾问，依法不能到法国寻找新客户，或建议他们将钱转到日内瓦，通过创立海外离岸公司来逃税。

问题的关键在于，那些因避税天堂而获利的人不会对财务不透明宣战。而围绕着政治献金的一切，与那些用来藏匿金钱的保密管辖地有着密不可分的关系。这就是为什么鲜少有政治人物表态反对避税天堂。举例来说，卡于扎克拒绝处理我计算机中所查获的数据，是因为他的哥哥任职于法国汇丰银行的高层。而与我合作的调查人员没有调查离岸金融中心的权限。

这种情况当然不只发生在法国。希腊、英国、德国和阿根廷等国家从来没有考虑过要彻底调查汇丰银行的逃税者名单，并且法国政府无所不用其极地防止消息传开。萨科齐宣称避税天堂已是过去式，但这只是一番说辞罢了。那些话背后的信息其实是：挞伐避税天堂的战争必须告一段落。的确，他也在那一阵子建议将金融犯罪的刑期缩短至一年。一切将一如既往：逃税者得以不受干扰地继续逃税。

2.5　犯罪所得与腐败的政客

埃尔马莱兄弟的贩毒所得

埃尔马莱兄弟通过汇丰银行将他们贩卖毒品的黑钱洗白。进口大量大麻的法裔阿尔及利亚人索菲安·内德詹（Sofiane Nedjam）是他们的客户之一。调查人员曾在巴黎西郊的芒特拉若利拍到他每天进出一个小超市数十次。调查人员发现，他负责的不是毒品交易，而是管理贩毒所得，他是收钱集团的一分子。该集团所有的成员都有北非血统，他们管理一袋袋的现金。他们都听命于一个 48 岁、名为马尔窦许·埃尔马莱（Mardoche El-Maleh）的男子。索菲安·内德詹跟这个人没有直接的接触，他通过掮客将成袋的贩毒所得寄给他。调查人员统计，他在两个半月内总共寄送 46 次，价值总额为 2 600 万欧元。这些钱被拿来供应给那些害怕惊动国税局而不敢动用其瑞士秘密账户资金的法国富人，作为他们的流动资金。绿党成员暨巴黎十三区副市长弗洛朗斯·朗布兰（Florence Lamblin）从她的曾祖父那里继承了一笔存放在日内瓦的遗产，如果她不向税务机关申报这笔遗产，便无法动用它。马尔窦许发了一封电子邮件给她，要她按照指示将瑞士账户中的资金全部汇入一个账户，此账户是由一家重要的财务管理公司 Gpf Sa 在汇丰银行日内瓦分行开立的。操作完成几天后，朗布兰便能从马尔窦许手中取回等值的现金。

这个案件再次指出犯罪所得究竟是通过哪些步骤进入全球金融渠道的。马尔窦许相当于一个总部位于日内瓦的大型洗钱中心的前哨。他的三个兄弟朱达（Judah）、内西姆（Nessim）和迈耶（Meyer）已在日内瓦生活多年，是当地犹太社群和金融精英的重要成员：朱达是汇丰银行日内瓦分行的副总干事；2001 年，内西姆任职于同一家银行；迈耶则娶了 Gpf Sa 财务管理公司创始人的继承人，并经营 Yewdale 有限公司和 Globalised 有限公司这两家英国公司。在调查人员监听到的一次电话通信中，迈耶严厉斥责马尔窦许："第一，你明明知道我们不收面额小的纸钞，你为什么还接受？我告诉你一件事，20 欧元的纸钞根本没人要！我已经告诉过你，不要再收了！"

换言之，马尔窦许左手从毒贩那里收钱，右手将这些钱提供给想要逃税的富人。2012 年 3 月 23 日至 8 月 24 日，他运送了 355 000 欧元至弗洛朗斯·朗布兰家中，运送了 334 000 欧元到罗伯特·赛兰（Robert Sellam）律师家中，运送了 330 000 欧元到企业家安德烈·阿贝杰（André Abergel）家中，运送了 230 000 欧元到纺织公司负责人蒂埃里·诗密尔－鲍尔（Thierry Schimmel-Bauer）家中，并将其他金额较小但总值约 670 000 欧元的现金，分别寄送到其他客户府上。

埃尔马莱兄弟建立的机制也不例外，同样是利用假的交易进行资金整合。

政治人物的腐败

2013 年 1 月 18 日，西班牙《世界报》报道：时任西班牙人民党（Ppe）财务长的路易斯·巴尔塞尼亚斯（Luis Barceńas）每个月支付 5 000～15 000 欧元给该党的高层，将资金转移至避税天堂。这个案件引起很大的风波，挑起了一波波民怨，这是因为不久之前才发生了两件被炒得沸沸扬扬的丑闻：2010 年爆发的“古特弊案”，以及 2012 年才公开的“皮若尔弊案”。当时，一些媒体披露了加泰罗尼亚地区前主席若尔迪·皮若尔（Jordi Pujol）拥有非法秘密账户。这几起案件非常相似，它们都有一个相同点：腐败。

企业家想赞助某个政党，需要将资金转入某个账户，而他当然不能申报这个账户。受益的政党需要将政治献金藏匿在海外的某处，这就是避税天堂的重要性所在。巴尔塞尼亚斯利用多个账户（有些设在纽约）收集有意资助人民党的西班牙企业家的政治献金。与其他国家有所不同，西班牙采取“举证责任倒置原则”，因此，巴尔塞尼亚斯不得不针对其金钱来源给出解释。由于他没能给出解释，只好乖乖去坐牢。

这次司法大地震始于西班牙政界狼狈为奸的古特弊案的爆发，此弊案的中心人物是西班牙企业家弗朗西斯科·科雷亚·桑切斯（Francisco Corréa Sánchez），桑切斯是何塞·玛丽亚·阿斯纳尔（José María Aznar）执政时，为西班牙人民党举办公开活动的公司的负责人。贿赂公职人员和国家机关是最常用的获得优待与利益的方法。与西班牙人民党关系密切的桑切斯利用几家银行来处理其非法所得。侦办结果显示，汇丰银行也被列入涉案机构名单中。

我将分析银行文件所获得的某些信息提供给负责侦办的法官。而调查人员弄清楚整个机制后了解到，确定整个机制的是银行，桑切斯和巴尔塞尼亚斯只是通过掮客运作的广大犯罪网络中的一部分。的确，所有空壳公司都登记在银行的文件中。汇丰银行的所有人员都知情，他们也知道有移转和隐藏资金的机构存在。现任加泰罗尼亚地区首长阿图尔·马斯（Artur Mas）及其前任皮若尔在英属维尔京群岛和列支敦士登的银行都设有账户。皮若尔也是汇丰银行的客户。存在这些账户里的钱是贿款，来自某些操控着巴塞罗那的建设公司和公共市场的企业家。

西班牙民众的公愤

接二连三的丑闻在西班牙引发了许多抗议和普遍的愤慨，对抗贪腐成了西班牙除了失业之外优先处理的重点。我认识一些曾经为西班牙国会议员、部会首长、政府首脑担任贴身保镖的警员，他们对于这些政治人物的行为表示不认同。一位当时负责保护我的安全人员告诉我，巴尔塞尼亚斯绝不可能去吃牢饭。但几个月后，他被捕入狱，看来我的合作对于违法活动的证据搜集颇有贡献。

关于将钱运送至国外的人的罪责，以及体制的不公，没有人表示质疑，西班牙人视这些政治人物为强者，因此普遍很敬重他们。尽管腐败现象俯拾即是，他们仍继续视这些人为模范。这件事让我想起了康拉德·洛伦茨（Konrad Lorenz）一项关于野雁的研究。这位奥地利的行为学家发现，野雁会将出生后看见的第一个会移动的生物视为自己的母亲，即便那是另一个物种的生物。

人类也是如此：见到模范，便会起而效之。

我被捕时曾声援我的“占领华尔街”（Occupy Wall Street）和“愤怒者运动”等社会组织，试图让大众了解究竟是何种机制让政客变得有权有势。因为单单是抗议，不足以改变事物的秩序：必须传播相关信息，提高民众意识。而政界对于汇丰银行客户的调查行动感到非常畏惧并出手阻挠。有一次，在接受西班牙首屈一指的公共广播电台——西班牙广播电台的访问时，我提到，西班牙有最棒的法律可以打击贪腐，调查人员却没有获得政界的支持，也没有足够资源可用于有效地办案。我以亲身经历的一个小插曲来举例说明。

有一天，财政部的一些官员来到反腐小组的办公室，要求各个组员交出自己的计算机，他们提出的理由是：他们需要那些计算机。在场的检察官激烈反对，并扬言要逮捕那些官员。其实，调查人员被施压已经不是一天两天的事。调查一展开，检方的调查团队负责人便接到多个恐吓电话，接着，他便被调离这个岗位，调到一个外围岗位，薪水也减少了 1/3。根据我打听到的结果，他的罪名是没有遵命将某些信息传递给他的上司，只因他捍卫了调查保密权，不愿泄露机密信息。

我在电台的发言引起了极大反响。许多人出面证实，减少调查资源是一种政治干预，因为调查所属的西班牙税务局（Agencia tributaria）由公共账目部控制。我在西班牙工作的那段时间，关于调查如何继续进行，产生了接二连三的问题。这是个非常敏感的话题，有几个人因为他们所做的选择付出了代价。

法官要求以某种方式保护我，警方则提出了另外一种方法。

但不同方式的共同特点便是财力匮乏。虽然我的工作是帮西班牙追讨税金，但我也察觉到直接与我合作的机构预算不足的问题。在马德里、瓦伦西亚和西班牙的其他城市里，民众抗议因调查而浮现的各种丑闻：政府削减社会福利补助、医生被解雇、设备完善的医院在开业一天后便遭到关闭、耗费巨资兴建的机场竟从未启用。

西班牙人想要改变现状，但他们缺少替代方案。"愤怒者运动"的某些成员要求与我会面，并提议与我共事。我接受了他们的邀请，也意识到这个组织有几个路线。举例来说，其中的托洛茨基派主张对抗腐败的政治。我选择了这个路线，但我没有将之与组织的其他路线割裂开。跟我合作和负责保护我的警察不信任"愤怒者运动"，即便目标一致，对局势有相同的分析，他们深信"愤怒者运动"无法改变既有的秩序。

第3章
如何应对?

跨组织合作关系致力于促进相关机构之间情报的共享。这与“维基解密”有几分相似，但我们并没有将信息完全透明化的雄心壮志，在我们看来，重要的不是将信息公开，而是让信息能够在参与调查的专业人士和调查人员间流通。

3.1　建立一种保护“吹哨人”的机制

组织筹划的网络

2014 年 8 月底，我获邀至拉罗谢尔，在法国社会党所举办的暑期课堂上演讲。那一次，我遇见了几个在非政府组织工作的人，其中一名年约 25 岁的年轻男子向我透露他是一名说客。对于游说团体，大家普遍持怀疑的态度：一般认为他们只捍卫某些不清不白的利益，比方说银行的利益。但他在我表示不赞同之前便告诉我，他是一个为非政府组织工作的说客。他向我解释，“我捍卫非政府组织和它们的观点。我确保它们能获得更多的援助。”他的工作是汇集能够帮助他所效力的非政府组织的人，建立一个可以为维持该组织提供经济资源的网络。

后来，我看到他和一位社会党的国会议员在一起，议员将他以合作伙伴的身份介绍给我认识。议员表示，自己每年只有 9 000 欧元的经费，连雇用一位秘书都不够。“我很感谢他愿意接受这么微薄的待遇为我效力，如果他另谋高就，我也会乐见其成。”那位年轻人身兼二职：一方面，他是为非政府组织效力的不支付薪水的说客；另一方面，他与这位社会党的国会议员合作。他在不同的工作场合接触到不同的人际网络。这是一个跨组织合作关系

（transorganization）的例子，其目的是促进各个协会、非政府组织、政府和其他机构之间的联系与合作。由于这些机构彼此之间并没有联系，它们往往不知道可以彼此提供资源。

法国的税务机关侦办增值税欺诈案时，会对与案情有关的信息予以保密，而不会将该信息通报给海关人员。但后者也许可以通过这些信息追查出某个犯罪事件，比如说贩毒。政府内部壁垒分明的状况阻碍了信息的交流。但是，为了汇丰银行案，我们建立了一个横跨法国、西班牙和比利时的跨组织合作关系，让司法信息得以共享。范伦贝克被任命为负责侦办此案的法官，此种特殊的机缘让这个合作关系得以建立。过去，各国只会向申请司法互助的国家提供与该国公民有关的资料，如今，法国司法机关同意提供他们所掌握的所有资料。如果他们在三年前就将这个案件交给范伦贝克调查，意大利法官便能如愿取得他们申请的资料了。

跨组织合作关系致力于促进相关机构之间情报的共享。这与“维基解密”有几分相似，但我们并没有将信息完全透明化的雄心壮志，在我们看来，重要的不是将信息公开，而是让信息能够在参与调查的专业人士和调查人员间流通。将某些情节较轻微的案件拿来与其他案件一起审查，便有可能取得重大发现。但如果那些案件继续被分别处理，它们便会显得无关痛痒。我之所以着手建立情报机构网，主要由于法国的情报机构彼此之间没有交流，法国海关有自己的情报机构，税务机关亦然，每一方分别与司法部门合作。此外，针对那些举报了发生于工作场所的犯罪行为的证人，欧洲并未立法保护他们。“吹哨人”即举报人没有获得任何保障。而政界每次提及与打击避税天堂有关的话题时，都只将焦点放在国际条约上，从未提到那些能提供关键信息的人。一切的一切都是在守护关于资金的秘密。但在美国，情况并非如此。美国有一条法令，强制企业设立保护举报人的机制，虽然不算完善。

我之所以分享我的经验，是为了防止其他证人不得不承受我已经吞下的苦果。当初，情报人员告诉我，我若想透露关于汇丰银行的秘密，就必然会触犯瑞士的法律，那时，我便意识到我将再也不会是一个普通的公民。的确，这四年来，我居无定所，无法跟家人一起生活，不断从一个地方转移到另一个地方。在这种情况下，像安心地睡在一张床上或有个栖身之处这种再简单不过的事，都不可能做到。尽管如此，我仍然保持乐观。种种困难并不能阻挠我迈向正义的决心。

银行、跨国企业与各个国家联手对信息进行严密的监控，不让有用的信息外流，因此，我们得用同样的手法来反制它们。只需利用跨国组织的方式将各国的机构联合起来，我们便能有效地协助吹哨人。举例来说，我们可以将检察机关联合起来，检察机关可以扮演汇集不同媒体和消息来源的角色，我们会有策略地安排这些案件后续阶段的处理，当然，我们得发挥专业能力，并在程序上遵循保密原则。由此，我们有了一个想法：设立一个平台，用来保护那些举报关乎公众利益问题的吹哨人。

一个属于专家、记者和组织的平台

一个人如果握有关于某家银行的信息，如果他并非该银行的员工，他想干什么都不成问题。最糟糕的情况是，这个人手中的信息都是假的，他顶多会被控告诽谤。但要是银行员工胆敢检举自己的雇主，他冒的风险可就大了，因为法律并不为他提供任何保障。我们应该确保需要这些信息的人——如记者——可以在不暴露消息来源的前提下获取这些信息。如果没人可以起诉证人，便能收集到更多信息。

为了反击掌权者，保护吹哨人的计划必须使用掌权者的武器。我们决定汇集各类专家、机构、新闻记者等的专长，建立一个信息平台，公开任何有利于公众利益的信息，这将是一种跨组织体系。要实现这个计划，必须有三种主要工具：计算机内存、法律方面的保障，以及能保障安全性的制度。

在当今世界里，银行保密制度与职业保密制度导致了贫富差距。而大众对于银行和银行家的工作内容，以及避税天堂的运作机制一无所知，使得此种状况得以持续。我们要设法让这些信息公开。一开始，对于自己所属公司或机构中所发生的一切产生疑虑的人，会求助于这个平台。他们将得到与专家交流的机会，专家会帮助他们厘清所面临的究竟是一种正常现象，还是事态确实不单纯。

让这些人能够在不暴露身份的前提下表达他们的疑虑，是我们最重要的目标之一。根据我们的设想，它必须是一个监督系统，一个人们可以一步步接触专家的社群。古希腊时期，人们可以在村庄、城镇的广场上将信息昭告天下。然而，当今世界缺少一个这样的广场。我们这么做，是为了重新引发辩论，并再次创造一个名副其实的社会生活。希腊文中“白痴”（idiotes）一词的本意是“特别的”“私人的”，在古代这个词被用来代表那些没有参与公共生活、没有投票权的普通公民。从这个意义上讲，我们需要一个不再有“白痴”市民的地方。

该平台将采取 Facebook 的运作模式：公众可以在平台上交流信息，深入探讨有关政府当局、公共契约等话题。这个平台将带领公众思考不同的主题，我们可以将它称为 Interestbook。此平台可望成为公众认识彼此的园地，公众也能通过此平台进一步接触那些被社会各界所认可，且就某些特定主题具有专业知识的专家。

举例来说，如果有位意大利经济专家想跟记者谈一谈，他可以使用假名参加这个社群，而社群其他成员并不会知道他的真实身份。但网站的管理员知道他是谁，因为要加入这个平台得先注册，所以，这位专家不能随便扯谎，他需要通过系统的识别。任何想要表达疑虑或举报某件事的人会先被安排与一位专家谈话，接着其他专家会过滤他所提供的信息，分析其可信度，最后，经过二到三层的检验之后，他才可以跟一位记者或律师谈话。社群的专家和志愿者将陪伴吹哨人通过每道具有危险性的关卡。

无国界社群

2014 年底，我们成立了一个名为“国际吹哨人平台”（Plateforme internationale des lanceurs d'alerte）的协会，除了我之外，主导协会的董事还包括威廉·布尔东律师，新闻网站 Mediapart 的主编埃德维·普莱纳尔（Edwy Plenel）、“国际调查记者同盟”总监杰拉德·莱尔（Gerard Ryle）和先前揭发瑞银集团在法国的非法行为的斯特芬妮·吉玻（Stephanie Gibaud）。

我们的想法是，在一开始的阶段，Mediapart 这个没有广告赞助、没有老板，而只靠订阅者付费支撑营运的新闻网站，将是针对法国地区的案件所专设的入口，但我们的目标是建立一个没有地理疆界的社群，每位成员都可以推荐其他感兴趣的人加入平台并交流信息。而推荐人必须向我们担保藏身在假名之后的是他所认识的人。该平台将让公众有机会在极度保密的状态下与意大利、法国、英国或其他地方的专家联系。我们设立的将是一个受保护的网站，利用加密的电话号码与加密系统，确保双方在最初的阶段能够以循序渐进的方式彼此接触、认识，从而规避风险。我们的目的并非直接把机密文件发送出去。如果有人想揭露不为人知的融资、贿赂或逃税之类的案件，我们会设法让他不必太快透露真相，以免他暴露在危险当中。

使用者进入平台后的第一个步骤是选择案件种类或他所关注的主题。这有点像是到某个交友网站注册，试着找到灵魂伴侣。选择所关注的主题后，用户便能与负责处理该类问题的专家、记者或负责重大案件的大型非政府组织取得联系。

举例来说，如果他关注的是有关环境污染或侵占自然资源为私人所用的弊案，介入处理的便会是“全球见证”（Global Witness），因为此类案件向来是其强项，负责处理第三世界国家经济犯罪案件的则是夏尔巴（Sherpa），等等。

平台会负责保护消息来源，如果他们的身份已被暴露，平台将提供司法、财务与专业方面的协助。社群将设法让他们不必因为举报关乎公众利益的重大案件而承担苦果。万一有吹哨人承受过大的精神压力，社群将安排一些专家帮助他克服困难。

吹哨人的优势在于他们熟知所举报的体制的运作方式，因此不会有人比他们更擅长分享该类经验，及指出克敌制胜的最佳武器究竟为何。但吹哨人必须受到保护，否则根本不可能有人愿意举报自己所见所闻的不公正。

至于记者，可以在调查卷入法律纠纷时介入帮忙。如果几年前存在此类平台，我便能处理银行弊案的司法层面的相关问题，并获得帮助来举报我所发现的情况。

集体诉讼的可能性

有些人因为试图维护自己的某些权益——比如说在工作场所的权益——而失去了一切。个别员工发现了公司在行政或筹划方面有违法行为，却往往因害怕陷入孤掌难鸣的困境而不愿举报。如果他们感到安全，并知道有人会支持他们，其举报工作场所犯罪行为的意愿便会增强。

为了支持这些人，平台将推出集体诉讼，如此一来，员工将能联合采取法律行动，去做一些单打独斗时他们的律师不敢要他们做的事，因为一般而言，员工不能跟同事讨论或交换机密信息。平台可以将类似的经验汇集起来，让这些人以更有效的方式集体行动。

我们有机会改变旧有的秩序，重建企业内部的对话。我们必须设法让各种想法和反思得以表达并彼此交流，并且不忘保护参与其中的人。团结就是力量。创立一个不暴露任何人身份的社群，此事至关重要。

而这想必会耗时多年，但这将为信息透明化奠定基础，进而保障信息的交流。已经宣布支持此行动的组织包括“全球见证”“国际调查记者联盟”“占领华尔街”“愤怒者运动”和“Xnet”

等，这些组织都致力于提高网络上的民主。而工会也将发挥重要的作用，我们已与法国的某些工会一起展开了一些行动。

环球档案库

一位记者进行调查时所采集的信息里往往有一些用不上的文件，但对于其他记者（包括其他国家的记者）而言，这些文件却可能派上用场。因此，我们跟一群计算机工程师一起研发了一个安全的环球档案库，让各地的文件和数据得以汇集起来。档案库必须是跨国的，平台必须在法律和技术上为其提供保障。所有的数据，首先是那些存放在云端的汇丰银行数据，以及离岸解密中那些注册在避税天堂的企业的文件，都将汇集至这个档案库。

但首先必须建立合作伙伴间的互信关系，并安排好一切，让所有伙伴能够以同等的专业精神和职业伦理共事。接下来，我们必须研发出一套民主化的管理模式，以确保每个人对于如何与何时行动拥有决定权。最后，必须以项目为单位确立一个架构，因为项目是凝聚各方人马的要素。档案库是一个以信任为基础的共同计划。其使用和改进方式将由负责这个计划的人决定。档案库将只对合作伙伴开放，只有他们能决定文件的用途。

我八年前在日内瓦为汇丰银行建立安全的信息通信系统时，已见过类似系统。逃到法国后，我便是靠着之前建立的档案库，得以与不同的司法部门、协会和主管部门沟通。整个操作的成败便取决于此。

信息必须获得保障。社群之所以如此重要，正是因为人们能通过社群分享信息、提供信息，避免信息的分散。我们的社群与

“维基解密”不同，有一个动态的机制。没错，“维基解密”将来仍可能增补新的信息，但它仍将只是一个静态的档案库，毕竟它的数据不能被拿来交互比对。知识管理系统必须是动态的，不能是静态的，它必须能够用于复杂的搜索，它必须是聪明的，它得知道什么时候应该输入哪个人名作为搜索的关键词，只有人类能够实现这一目标。

摧毁保密的势力

保密制度往往牺牲多数人的利益来帮助少数人致富，导致贫富不均。举例来说，富人藏身在银行保密制度的背后，因为他们害怕失去自己所拥有的一切。如果一个人知道这种保密制度能够确保他免于贫穷，他便会支持保密制度，并且利用它。然而，只要有一个人不同意这种制度，便足以摧毁这一切。就拿一个贪污的公司董事为例。许多员工都知情，但都不敢揭发。然而，只要有一个人挺身检举，便能击垮整个体系，让这位因害怕自己的贪污行为被揭发而隐瞒公司真实运作情况的高层管理者惹上麻烦。

我们正在设法帮助这些有意改变现状的少数勇者，让他们可以安全地付诸行动，我们想证实那些金融界的“魔术师”并非无所不能的天神。我受邀在法国社会党的暑期课堂上演讲时，有人反驳我说，“透明化”不是一个明确的概念，而是一种独裁。我回答他，我们所谈论的“透明化”对所有人都有利，那是一种掌控中的“透明化”，一种与部门、机构间的沟通有关，分散权力，并让人们相互监督的“透明化”。有些信息应该在机构内部公开。而唯有在透明的前提之下，各个机构才能有效运作。

当人们认识到权力和保密制度两者间息息相关时，便会要求信息公开化。瑞士和卢森堡等国目前还维持银行保密制度，这些制度也会影响其他国家。Open Office 和 Linux 操作系统开放源代码的观念，才是应当推广的观念。这些操作系统的普及，推动公众开发出新的系统，而这足以让我们摆脱微软的系统。这也证明了我们可以有所作为。

亚桑杰的经验

我认为我们应该遵循的并非“维基解密”所规划的路线，那种路线让鲁道夫·埃尔默（Rudolf Elmer）或布拉德利·曼宁（Bradley Manning）等吹哨人深陷巨大风险之中。前银行家埃尔默于 2007 年散布了有关宝盛集团（Julius Bar）的机密档案，情报分析员曼宁则泄露了美国军事及外交方面的机密文件。亚桑杰本人也暴露在极大的风险中，最终却没能改变些什么。维基解密“电文门”（Cablegate）之后，即维基解密将位于世界各国的美国大使馆与美国国务院之间数以千计的机密通信内容公开后，美国解密文件的数目便开始减少。此外，维基解密公布的许多文件原本便是公开文件。可用的信息其实很多，问题出在没有人去调阅这些信息，因为没人知道它们是可调阅的。

汇丰行动刚刚开始时，几位共事者建议我将收集到的资料交给维基解密。眼看别无他法，就连法国的几位调查人员也开始倾向于采取此路线。但我的优先考虑是先让司法和税务机关参与其中，等到第二阶段才让媒体加入，因此我拒绝了这一建议。要是我们当初真的把汇丰银行的数据交给了维基解密，后来这些数据便无法为欧洲的司法部门所使用。公开那些数据当然会在舆论上掀起轩然大波，但在司法方面却不会有任何成效。

多亏有软件仓库这一类井然有序的档案库，我们才得以将为吹哨人提供保护的数据与工具，以及相关的各项调查行动共享。要做到这一点，只需改变计划方式，将分层计划改造为交叉计划。而这正是当今国家机关所欠缺的。

这种系统可以为吹哨人提供保障，确保他们免受情报部门的威胁。天知道有多少证人已经人间蒸发。一种将行动划分为多个阶段，配合更严密的控制的交叉计划方式，能避免此类严重的后果。相反，诉诸维基解密是一种放手一搏的赌博行为。那将使举报者本人和他的家人得不到任何保障。斯诺登的辩护律师只负责打理法律层面的事务，除此之外一概不管。另外，关于如何为揭秘者提供支持与资助，则有赖非政府组织伸出援手。

所有人只有同心协力，才能让这个系统顺利运行，因为我们所对抗的掌权者势力强大，唯有通过结盟的方式才能打败他们。

曾向美国税务当局检举瑞士的银行协助美国客户逃税罪行的前瑞银集团员工布拉德利·比肯费尔德（Bradley Birkenfeld）已获释出狱，目前居住在美国。他获得了 1.4 亿美元的举报奖金，未来还将有更多奖金入账。他跟我一样受了不少折磨，因此有一些念头在他心中萦绕不去，但他并没有致力于分享他的经验去帮助那些与他处境相同的人。这个例子显示出我们有多么脆弱。我们必须学会团结，学会保护彼此，并朝着一个共同的目标迈进。

3.2 一个新的金融体系

一家购买法国公债的银行

私人银行的经营模式主要是以公债为基础，如今，公债已经是当前最重要的融资手段。一方面，银行可以通过支付 0.5% 的利息，向欧洲央行借款。另一方面，利用所谓的资金杠杆原理，银行可以购入它们所获得资金 50 倍价值的公债。政府证券平均支付给银行 2.5% 的利息，即银行支付给欧洲央行的利息的 5 倍。

如果某银行机构向欧洲央行借款 100 万欧元，它将支付 5 000 欧元的利息。然而，它可以利用 100 万欧元购买 5 亿欧元的政府债券，获得 125 万欧元的利息。也就是说，银行只需利用资金杠杆原理，无须耗费任何力气便能赚进大把钞票。而这些钱被拿来做些什么呢？它们被拿来钱滚钱，从事各种金融投机活动和购买新的债券，却不是拿来投入实体经济，刺激消费、产业发展和就业。

相对于将资金投资于产业，投机活动的生财效益较佳。这一切以套利为基础，套利是一种通过金融产品和货币在不同市场的价差来获利的游戏。没有什么比套利更简单的了，或者说，没有比依靠利差来赚钱更容易的了。金融业始终都靠着套利生财：不论是法律上还是经济上的套利都一样。投机者利用利差，需要利差：这便是当今世界的经济模式。我们必须推翻这个模式，而我们办得到。

我与法国道德银行（Nouvelle Economie Fraternelle，NEF）的一些经济学家共同研究的计划，为专门购买法国公债的投资机构提供套利机会。我们正在研发一种可转换为股票的政府债券。一旦响应人数到达一定的门槛，便可以将那些政府债券转换为新银行的证券，每收集到100万份，该银行将购入10亿份政府债券。银行将像所有的私人银行那样向欧洲央行借款，利用借款来购买本国的国债，并拿它们的收益去赞助某些替代能源的项目。

这项行动的效果将是多方面的。第一，可以成功地将部分法国公债带回法国。第二，原本会进入外国银行机构的债务利息将留在法国。第三，由于这笔钱被用来资助法国企业发展节能的项目，将对环境产生正面的影响。这其中的基本思路是采用与对手相同的手法，将目前为止让少数人获利的机制有正面积极的用途。

我们必须动员起来，发布那些有助于公众利益的信息。然而，想做到这一点，我们得先设法改变职业保密制度和银行保密制度。当今世界再也无法容许特权的存在。我们必须消灭特权，以避免毁灭性的政治事件发生。我们曾经十分贫穷，不能再让人们受更多的苦。

夺回工具

道德银行是重掌金融的一种方法。借助它，我们可以宣告，金融不仅为私人企业服务，而且为那些具有公共或社会价值的企业服务。印刷术发明前，只有少数具有知识的神职人员能够接触书籍。如果我们希望拥有一个人们受过教育并能做出合理决定的社会，如果我们想要了解所面临的挑战，必须普及知识。

这个过程不应只是媒体的特权，媒体往往受到操控。对于那些允许公民交换信息的组织——如意大利的“五星运动”或西班牙的“X党”——而言，信息的传播具有优先性。非政府组织能提升人们对于重要议题的认识，并有助于传播与社会计划有关的信息。

几年前，谈到逃税的事，所有人都知道有几个为富人看守钱财的国家存在。有许多人不相信那种做法是非法的。如今，人们对这种现象有了较多认识，但我们仍不厌其烦地告诉大家，只要掌握几个要素便能理解此类机制。相较于经济，人们更懂得足球，但经济具有更多效能和用处，而且不比足球复杂太多。举例来说，道德银行能帮助普通公民意识到金融不应任凭少数人摆布，金融也可以有一个人性化的面貌。银行和企业握有我们国家的债券，并将它们保管在避税天堂，而利息在那些免税的国家兑现，并被拿来再投资于与我们国家有竞争关系的避税天堂，这一切不难理解。了解我们可以改变这个状况，可以购买自己国家的债券，将利息留在国内，进而资助本国产业和就业，也很容易。

金融雷达

法国的网络著作传播权利保护高级公署（HADOPI）控制从网络下载的内容，以保护版权，并在电信业从业人员的协助下运作。该项目耗资约 2 000 万欧元，每年需花费 500 万～800 万欧元维持运作。网络著作传播权利保护高级公署找出非法下载影片或音乐的用户，并发警告信给他们。两次警告之后，网络将被切断。在我的印象中，此类事件发生的次数大概不到 10 次：换言之，他们花了 2 000 万欧元，却只处理了 10 起案件。

但令人感兴趣的并非已取得的成果，而是为了保护版权所发明的系统可以再利用——用来监控所有资金的流动，找出有谁在哪个地点进行交易。如果我们可以追踪并分析所有交易，便可以更容易地得知哪些人在逃税、资金的去向如何，或某公司是否当真破产。而且我们可以立刻得知结果，而不是等到为时已晚才后知后觉。扩大追踪的范围，并创造出可以分析这些信息的系统，才是向前跨出的重要的一步。

分析收集的信息，便能重建企业之间的通信网络，并查明它们实际从事的活动。比如说，我们将能得知哪些企业得到国家资助，却将之用在国外。当今的经济与金融领域往往缺乏此类信息，反倒经常资助那些不需要资金或滥用资金的企业。国家机关对这一切没有概念，仅仅根据统计数字做出相关决定。

建立一种金融雷达是个简单的任务。现今欧盟的“单一欧元支付区”（SEPA）法案，规定欧洲境内所有账户都必须统一其识别数据。这项最近才批准的法案统一了各种付款系统，所有会员国的数据格式变得整齐划一且易于汇总与分析。

银行国际代码与此原理相同，账户持有人的隐私将通过密码保护。信息最终会存储于一个能够掌握资金去向及其经手者的动态档案库中。密码能保障匿名性，这将让所有人都感到较为安心，但想要铤而走险欺瞒税务机关的人若是知道资料都有存盘，其犯罪意图应会减少。

与网络著作传播权利保护高级公署类似，金融方面的相关事务交由各国政府管理，才能拥有这些资料。如今法国已设有反洗钱部门，附属于法国财政部，负责监控那些涉嫌掩护洗钱活动的资金流动。未来，如果政府能设法克服各部门及各机构间分散、缺乏整合的作业方式，这个系统可望将应用拓展至其他所有的资金流动上。所采用的可能是美国的模式——在美国联邦调查局与国税局之间有沟通渠道。

信息共享

当今，除情报机构之外，没有任何国家机构将资金投入专用于收集信息、交叉比对和分析的系统。没有任何国家机构将资源运用在此类共享信息的项目上，因为那些机构内部的主流看法仍是保持信息的机密性。

有一次，我亲眼目睹了两名调查人员发生争执。一位 35 岁的年轻调查人员反对 70 岁的年长调查人员的建议，后者提议对外透露某个与他们的调查有关的情况，他们依法有权调查在法国境内通过网络遥控海外非法金融活动的那些人。较年轻的调查人员表示，此类信息应该保密，较年长的那一位则反驳说，这一切终究会在公审过程中曝光。保密引发的焦虑完全吞噬了那位较年轻的调查人员。

现今，有些新创立的公司寿命只有三天，创立此种公司的唯一目的在于诈取增值税。可以用来揭发此类真相的信息唾手可得，但没有人着手分析这些信息，并将它们发送给调查人员。如此一来，每年都有数十亿欧元继续通过此种欺诈手法蒸发。其实，只要借助国家企业档案，在法国每天公布企业名称及其董事的公报，便能轻松地善用信息，改变状况，但并没有人这么做。

我们知道，在欧洲，税务欺诈行为通过位于不同国家的三方联手完成。如果我们将信息汇集起来，比如说，将意大利、法国和西班牙的信息汇集起来，并将其交给这三国的税务机关，仅是清查公司创立三天便消失无踪的那些案件，便可以大大降低欺诈风险。我们甚至不需要获取其他信息，只分析现存的信息便能取得成果。然而现状是，信息在数月后才能到达调查人员手中。

如果一辆汽车的车载计算机拥有所有信息，它便能在最安全的状况下以时速 56 公里转弯，因为驾驶员通过计算机知道弯道处的柏油路面很干燥，那里没有风，也没有行人或来自对向的自行车。我不相信市场本身具有一双能够解决所有问题并为集体利益创造最佳条件的无形之手。相反，我认为信息能带来平等。

有两种行动的方式：改变规范，或设法让我们不再需要规范。问题在于，规范并不完美，规范可能被规避。若要让某些规范失效，那便需要信息。如果我们知道有人正试图犯罪，就能阻止这个犯罪行为。以投资公共债券的计划为例，如果这交给道德银行来做，就轮不到投机者来做。我们若是知道有个套利的空间存在，就会设法占用那个空间。我们不必制定法律去防范某些事情。只要掌握信息，便不需要编写一些届时根本没人会遵守的规范。

敌人的武器

我们必须学会使用敌人的武器。今天，一场战争正如火如荼地进行，其中一方比另一方更了解游戏规则，并利用此种优势进行套利，甚至在司法上也是如此。信息若是保密，便会成为一种武器，而我们设法公开信息，并只在合适的时机这么做——我们确知这么做将有利于公众，并有助于其具体行动。我们将这样做，主要是因为在我们创造新的法律之前要利用现有的法律。有权有势的人可以通过游说设法进行干预，但当他们发现规避规范比改变规范来得容易，也会选择规避。只有当他们没有其他选择时，才会试图改变规范。

使用敌人的武器是什么意思呢？在某些地方，信息不属于任何人。举例来说，哥斯达黎加和厄瓜多尔等地在这方面是完全自由的。也就是说，在那里，一个人如果掌握有机密信息，没有人可以给他定罪。抢先公布离岸解密的“国际调查记者联盟”因其取得信息的方式，目前正面临司法部门的调查。如果他们在某个可自由获取信息的地方设立了离岸公司，并利用该公司获取信息，就不会面临眼前的种种问题了。这便是银行所采用的方式。我们要模仿银行的思维方式。我的案例非常有代表性：为了将有关汇丰银行的信息交给检察机关，我不得不面临司法问题。我被迫设计行动方案——让那些文件遭到扣押，以便它们成为可用的信息。

如果我们的档案分散在哥斯达黎加、厄瓜多尔等地，吹哨人和记者的平台建设便会变得很简单。我们必须求助于黑客，使用不同的解密系统，并将信息的输入和查阅分开管理。我们把系统的架构弄得极为复杂，以防不希望这些信息公开的人骚扰我们。

各个非政府组织应当联合起来，创建一个统合各组织的机构，就像银行遍布全世界那样。如此一来，便能共享所有与客户及其账户有关的信息，因为每个非政府组织拥有与其他非政府组织共事并共享信息的权利。届时可以创立离岸公司和幽灵公司，借此解决有关信息来源是否合法的问题，并将信息提供给税务机关。这些都是银行用来掩盖海外账户的手法。

从事我们所开展的这一类活动，必须做好不断改变策略的准备，因为不存在一个到处都适用且一劳永逸的解决方案。我们必须了解，银行具有适应外部局势的能力。因此，弄清楚银行如何运作、如何危害公众利益并不断修改其活动以找寻利用公债的新方式，是至关重要的。

3.3　政治承诺

寻找替代路线

政治力量从一开始便左右着汇丰银行案的发展。在我刚开始与几个国家的政府部门和情报机构共事时，欧洲其他国家与瑞士签署了一项有关自动交换税务信息的协议。在同意此协议之前，瑞士联邦政府提出了一些条件，其中之一便是各国政府不得采用窃取的信息。只有德国人拒绝签署此协议。这给瑞士带来了很大的压力，最后，瑞士同意将该条款删除。

同样在那个时期，政治力量介入，要求法国检方停止调查。西班牙则打破僵局，重启司法调查。接着，法国在政权轮替后也发出一个重要信号：任命一位以独立办案风格闻名的法官重启调查。我所接触的主要是一些法国左翼阵线的人士，但政治人物只对汇丰银行的客户名单感兴趣。他们只想掀起惊涛骇浪，而无意着手处理最根本的问题——迫使司法部门采取行动。

我在西班牙寻找其他途径，跟黑客以及“占领华尔街”组织的激进分子讨论。在讨论中，我产生了占据媒体版面的构想。

我们决定利用所有可能的曝光机会，但不会复制与政党相似的阶层体系。我们发现自己与“愤怒者运动”发起者所见略同，我们都有跨界、非结构化并且汇集各种想法的目标。

此类型组织不适合组成一个政党，但许多人认为我们有必要参加 2014 年欧洲议会的选举。因此，我们决定一起做些事情，目的是参与欧洲议会的选举，然后参与接下来的地方选举。其中的一个目标是，将媒体的关注点从原有的那些政党转移至更多其他的政治组织，以打击两党制，让政治能代表更多的民众。

要是我们不能将权力直接还诸于民，就得找到一种分散权力的方法。如果我们无法先夺取权力再分散它，那么我们最好从一开始就分散权力。“愤怒者运动”“X 党”及“我们可以党”（Podemos）之类的组织，反映了我对于群体生活的看法。一直以来我都坚信，如果我们追寻的是一个好的目标，事情的发展只会越来越好。在最糟糕的时刻，当调查陷入胶着的时候，当我没有工作的时候，或是被关在监狱里的时候，我总是从我试图改变现状的目标中获得新的力量。

从“愤怒者运动”到“X 党”

我为西班牙检方工作时，首次接触到“愤怒者运动”成员。即使我被迫遵守一套安全规则，我也找到了一种不会让自己过度涉险的方法与他们见面。经历了最初的激情与当时爆发的一系列抗争后，该组织没有下一步的计划。他们熟知各种社会问题，但除了走上街头抗争之外，不知道还能做些什么。创立“X 党”并参加欧洲议会选举的想法便是在那时产生的。后来，“我们可以党”也采取了同样的途径，“X 党”的激进分子帮助他们提升了沟通技巧。

但两方的合作后来因“我们可以党”拒绝举行用来决定两党参选名单的内部初选而告终。“X 党”制定了用来进行筹划和对外沟通的基础架构，但必须进行内部初选，然而“我们可以党”不同意这么做，因为他们捍卫托洛茨基式的政治秩序。他们的目标是取得多数的选票，然后自上而下地改变一切，可是“X 党”认为通过惯用手段夺取政权会有产生腐败的风险，此种现象向来屡见不鲜。后来，这也应验在法国的奥朗德政府身上。

这些发生在“愤怒者运动”采取两个行动之间的时期。我们用非正式渠道筹划一切，并在欧洲议会的选举中名噪一时。出于某些战略上的考虑，“我们可以党”的领导者帕布罗·伊禾雷吉亚斯（Pablo Iglesias）与“联合左翼”联手，将我们排除于电视媒体之外。他们希望我们被排除在外，而事情后来的发展也一如他们所愿。从一开始，伊禾雷吉亚斯便了解到必须消除最直接的竞争对手才能集中左派选民的选票。而他也付诸行动。

“X 党”仍继续尝试争取更多的空间，不仅通过我这样的人，而且通过一些更为开放的计划来实现。为了不与现实脱节，我们总是试图把政治行动化为具体的计划。我们争取的是平等：优化资源分配，以减少人民的痛苦。这是一个很美好的目标，既不属于左派也不属于右派，跟意大利的“五星运动”有异曲同工之妙，而我跟意大利的“五星运动”也有过一些非常有趣的互动。重要的是，推动一个为人民提供替代选择的运动，促使人们相信他们有能力做些什么。因此，我们努力推出可行的计划，这些计划源自我们所有人的专业经验。

如今，我们尽力不向权力的欲望屈服，推出一些人人都能认同的计划。这是一个艰难的过程，需要很多人做出贡献。要说服众人，让他们相信信息的共享是推动改变的途径，还需要一些时间。

超越个人主义

对抗由一人掌控整个计划的个人主义是最主要的问题，对抗此种观念是至关重要的。“X 党”代表着否决个人主义，这就是为什么我们选择了 X 这个字母。不存在圣人，不存在救世主，不存在比其他人拥有更多力量的神人。不存在一位政治之神。

另一种可能的策略是促进主流政党的改变，因为那些政党内部阶层分明的组织方式阻碍了人民的参与及合作。那些政党是静态而停滞的。但我们可以从内部改变那些政党，设法让它们采用网络通信工具，并对我们这一类组织的目标产生认同。“占领华尔街”的行动之一，便是监控纽约州社会保险的债务，以确保那些债务不会被秃鹫基金收购。事实证明这是有效的计划，因为它建立在一个踏实的目标上。

我们必须始终专注于目标，对抗除了其本身之外没有任何更高目标的个人主义。每当有一个过于强势并可能主宰一切的人物出现，我们便必须分散权力，并试图厘清导致他大权在握的原因。

我相信，当今的焦点应以各种计划为重心，而不是以一个魅力领袖为重心，这才是较为明智的做法。企业家遵循伦理规范，不听命于政府官员，乃是乱世中合理的解决方式。如此一来，我们也能对抗各种不平等的现象。

实施各个计划才是当务之急。为了让计划取得优先位置，必须让企业将公众放在首要地位。必须让所有人了解他们所任职的金融机构和工商企业内部究竟发生了什么事。不管对内还是对外，企业都应该将其信息公开。信息必须共享。

3.4　打击逃税的斗争

在贝尔西工作

我花了几年时间与专门负责打击逃漏税和税务欺诈的调查人员合作，有法国人、意大利人、西班牙人、比利时人和美国人。

与他们共事，我看见他们的工作有多么艰难，他们既没有足够的资源，也没有合适的工具。他们用银行已经淘汰多年的计算机系统管理数据，而相较于他们所抗衡的犯罪势力，他们在工作上所得到的技术支持非常落后。在座落于巴黎贝尔西地区的法国财政部的办公室里，调查人员的工作总是举步维艰，往往面临徒劳无功的可能。举例来说，比利时对抗“旋转木马避税法”所采用的是 SAS 系统，管理这个系统的公司每追讨回一笔税金便会抽取佣金。所有人都知道，法国每年的欺诈总额为 100 亿欧元，只要快速地算一算，便能明白其中有利可图。然而，借助这些公司所推出的系统与借助私人公司的软件所取得的成果大同小异，因此我们拒绝采用私人公司的软件。

另一个问题是，我们当时没有对大量信息进行同时和实时管理的可能性。解决这个问题的技术已经存在，而且非常简单：存在一些能胜任这项工作的研究中心，只要有人让它们与税务机关取得联系。我也因此开始设法找出有开放源代码的计算机系统，它们比较适合法国财政部等机构。

与我当初在银行时一样，我尽力搜集各种技术方面的信息，了解如何降低成本，将相关技术应用于税务管理。为此，我以外部人员的身份，而不是法国财政部的一员工作了一整年。作为法国索菲亚科技园研究中心的一名研究人员，我致力于现有技术的研究，并找出一系列对税务机关可能有用的程序。接着，我们便开始运用那些程序。

我们成功地建立起一个国家级研究机构与一个国家机构间的合作关系，无须付费给私人公司。我被分派的任务是促使两个因税务保密制度而互不相识的国家部门携手合作。我们必须与调查人员和研究人员一道，推出共同的团队计划，然后成立创业公司，负责开发能够支持调查工作、从事数据分析的产品。要促成两方的合作非常困难，唯有某个同时认识这两方的人介入，此种保密和工作常态方能有所改变。而我正是这样一个人，我致力于促成两个机构的交谈和共同行动。

银行每年拨给此类软件的预算，比法国国家宪兵队十年来获得的所有经费多出10倍以上。其中一个项目在三年里耗资600万欧元，而同一时期汇丰银行的投资金额高达10亿欧元。有关机构需要一年的时间才能清查高频交易程序在一秒钟内所完成的上千笔交易。这是一种完全不对等的权力关系。唯有通力合作，国家或许才能与财大势大的银行相抗衡。但是，我们必须维护各个机构的特殊性，在保密的前提下试着了解它们各自的需求，将有用的资料和工具提供给研究人员，并避免敏感信息泄露。这是最需要小心处理的部分。

研究机构主要是为高科技公司工作。要说服研究机构与一个技术落后的机构合作很困难，因为如此一来，研究人员需要与那些不习惯应用高科技的人互动对话。我试图说服官员，有些尖端科技产品，是那些不具有相关技术背景的人也可以使用的。简言之，贝尔西的团队成员不用了解软件系统的技术，只要学习如何使用那些软件即可。

有其他人能够接手我的工作，继续将调查人员和研究人员汇集起来，对我而言是当务之急，但这么做不是出于战略需求，而是为了财政部的信息部门着想，该部门每年只有3亿欧元的预算，是一个非常小的数目。在这方面还有很多该做的工作，并有一些可以利用的协同效应。这是我在贝尔西的第一份工作，而这大概是所有工作中最有用的。

债务和逃税

数据会说话，法国每年公债的利息高达400亿欧元。这些钱穿越法国边境，用于海外投资，并与本国的经济体系相互竞争。如此一来，资源流向其他国家，各种投资亦然。我们努力工作的成果有一部分就这样流失了。事实表明，法国政府利用其公民缴纳的税款来支付公债的利息。在现今的法国，有50%的国家预算来自增值税的征收。而有一部分增值税全部用于支付公债的利息。

雪上加霜的是，国家的法律不但没有去对抗那些让国家财富外流的避税天堂，反而让它们有利可图。而此种情况便发生在法国，举例来说，存在一条让瑞士坐收利益的法国法规。法国国家国际审计局（Direction de Vérification Nationale et Internationale，DVNI）是负责大企业审计工作的机构。这个机构有一个非常简单的规定：如果你跟一家注册于避税天堂的公司有生意往来，你得支付每笔交易50%金额的罚款。如果你赚了100万欧元，你便得支付50万欧元的罚款。

这项规定会带来何种矛盾的影响呢？以向埃及购买谷物的法国农业合作社为例。为了让货物抵达法国，它们必须与航运公司合作，几乎所有的航运公司都注册在马绍尔群岛等避税天堂。它们别无选择，因为谷物必须立刻运出，在两周后抵达法国。若是找不到一艘货轮，谷物就会变质。唯一可行的方案便是采用那些注册在马绍尔群岛的货轮，即使那些货轮登记在希腊或土耳其的中间人名下。这些农业合作社并没有支付罚款，而是在日内瓦成立一家公司，由日内瓦的那家公司与货轮主人进行生意往来。

农业合作社可能求助的另一个对象是荷兰。那些用来打击避税天堂的规则正是让一切缺乏透明度的罪魁祸首。尽管法国政府知道在避税天堂的背后是某些欧洲国家（比如说希腊）所掌管的公司，但也只是对这个产值 730 亿欧元的产业处以罚款。

企业逃税的另一个手段是应收账款的转让，这个机制完全合法，而且实行起来非常简单。出售了某项商品或服务之后，A 公司便对 B 公司有一笔应收账款。A 公司并没有收取账款，而是通过转让声明，将这笔账款转给设立在避税天堂的 C 公司，当然，C 公司跟 A 公司的老板是同一个人。通常情况下不需要设立一个离岸公司，只需要一个普通的银行账户就够了。这笔钱最后流向避税天堂，没有人缴税。

应收账款的划转成了逃税以及掩盖证据的一种伎俩，没有人可以追溯出 A 公司和 C 公司的老板实际上是同一个人。的确，没有任何票据可以证实 A 公司与 B 公司之间有生意往来，因为账款的收款人是那家境外公司，表面上，后者与两家公司没有关联。而要是三家企业分别设立在三个国家，就几乎不可能找到任何蛛丝马迹。

我们可以赢得这场胜利

那些口口声声说要打击逃税的政治人物所宣称的，跟他们所制定的银行法规之间显然相互矛盾。问题是，公众不明白他们的钱究竟是如何被处置的。那些钱通过避税天堂的运作被金融黑洞吞噬，纵容不正当的竞争，从更需要资源的人手中夺走资源。

柏拉图在《理想国》里提到，如果制度不透明，有罪不罚的现象便会称霸，最善良的牧人也会开始杀人放火。因此，想要有效打击犯罪，我们必须更有效地宣传我们的目标，并制定能够吸引且聚集有志之士的计划。我们不应忘记，当今仍有一些企业靠着贫富不均而获利，比如离岸银行。金融为什么给我们带来问题？因为套利是银行的基础，银行靠着贫富不均的状况求生存，银行之所以可以这样恣意妄为，是因为大家对此事并不知情。一旦我们了解了这个机制，我们便能改变它。不了解这个问题，就不可能有任何改变。

而我们之所以对此事保持乐观，是因为体制本身是脆弱的。在一家公司或银行里，只要有一个人反对保密，整个体制便可能毁于旦夕。为了吹哨人而设置的平台，将成为这些异议者关注的重点。

我对此有亲身经历，我想将我的经验分享出去。我并没有像其他吹哨人那样选择销声匿迹。公布逃税者的名单并非我当初的目标。那些名单只是一种用来吸引媒体和政界关注的方式，最重要的是，让大家了解银行如何运作。

我的行动将不会是零星的个案。有人跨出第一步，其他人也必将跟进。这是一场长期的斗争，同时是一场心理战。这是一场战争。重要的是，我们仍然待在这里，继续为争取一个不同的世界而奋战。

附 录

汇丰银行的内部文件

巴黎、马德里、布鲁塞尔和都灵的检察官握有成千上万份汇丰私人银行客户会谈报告书，本书列出了其中的一些。这些会谈报告书非常简明扼要，是投资顾问与客户会面后所写。这些会谈报告书记载了2004—2005年间一些有关会面方式和内容的重要信息，法国和比利时的检察官正是根据这些信息决定起诉汇丰银行。所有报告书被整合在一个Excel电子表格里，我们在此提供一个截图以示说明（如图A-1所示）。

在这里，检察机关在法尔恰尼的计算机里所查获的汇丰银行内部文件首次公开。

客户的担忧

在许多会谈报告书里，我们可以窥见被意大利税务部门查获的风险。投资顾问常常针对有关风险向客户提出警告，其他的时候，他们会设法采取一切必要的防范措施，以将风险降至最低。

有些时候，账户持有人会主动联系投资顾问，向他们请教在金融警察来访时如何自保，或如何防范知道太多内情的员工。客户往往不敢在电话里交谈，并设法避免在住处接收邮件，他们倾向在银行里阅读文件，然后立刻销毁文件。

RM	Client	Society	Subject	ReportType		
ANO	2512319	30	RM Visit to a Contact, Approved, RM	VISIT	01/19/2005	completed the incompleted documents pending or missing (M):No (comment)|Discussion was held with client on the following general subject(s)/product(s):Interest Rates|Funds AFG/Hedge
ANO	2539217	30	RM Visit to a Contact, Approved, RM	VISIT	01/19/2005	A.T. Kearney|Client has completed the incompleted documents pending or missing (M):No (comment)|Discussion was held with client on the following general subject(s)/product(s):Funds
GUR	2547104	30	Contact Visit to the Bank, Approved,	VISIT	01/19/2005	completed the incomplete documents pending or missing (M):Yes|Client's statement signed by the Client (M):No (comment)|Comments on discussion held with client on
UCC	2532751	30	Telephone Report, Approved, RM Vis	TELEPHONE	01/19/2005	2. How was the caller person identified ? (M)1. Sole Account Holder (signatory)|Discussion was held with client on the following general subject(s)/product(s):Asset
UCC	2519674	30	Contact Visit to the Bank, Approved,	VISIT	01/19/2005	incomplete documents pending or missing (M):N/A (all in order)|Client's statement signed by the Client (M):Yes|Discussion was held with client on the following general
VDF	2531895	30	Telephone Report, Approved, RM Vis	TELEPHONE	01/19/2005	2. How was the caller person identified ? (M)1. Co- acc. Holder (signatory)|2. Other (comment)|Phone indemnity/discharge (M):Yes|Additional comments:Su richiesta del nostro
GIH	2555611	30	Contact Visit to the Bank, Approved,	VISIT	01/19/2005	incomplete documents pending or missing (M):N/A (all in order)|Client's statement signed by the Client (M):Yes|Discussion was held with client on the following general
ANO	2542072	30	Contact Visit to the Bank, Approved,	VISIT	01/19/2005	completed the incomplete documents pending or missing (M):N/A (all in order)|Client's statement signed by the Client (M):No (comment)|Discussion was held with client on the following general
GUR	2549360	30	Contact Visit to the Bank, Approved,	VISIT	01/19/2005	completed the incomplete documents pending or missing (M):No (comment)|Client's statement signed by the Client (M):No (comment)|Comments on discussion held with client on
GUR	2501384	30	Contact Visit to the Bank, Approved,	VISIT	01/19/2005	completed the incomplete documents pending or missing (M):No (comment)|Client's statement signed by the Client (M):Yes|Discussion was held with client on the following general
UCC	2534282	30	Telephone Report, Approved, RM Vis	TELEPHONE	01/19/2005	2. How was the caller person identified ? (M)1. General Attorney |Discussion was held with client on the following general subject(s)/product(s):Funds AFG/Hedge funds|Funds
VDF	2503450	30	Telephone Report, Approved, RM Vis	TELEPHONE	01/20/2005	2. How was the caller person identified ? (M)1. Co- acc. Holder (signatory)|2. Voice recognition|Phone indemnity/discharge (M):Yes|Client's satisfaction:Satisfied|Additional
VDF	2538903	30	Telephone Report, Approved, RM Vis	TELEPHONE	01/20/2005	2. How was the caller person identified ? (M)1. Sole Account Holder (signatory)|2. Voice recognition|Phone indemnity/discharge (M):Yes|Additional comments:Ho proceduto a contattare
ANO	2536382	30	Contact Visit to the Bank, Approved,	VISIT	01/20/2005	completed the incomplete documents pending or missing (M):N/A (all in order)|Client's statement signed by the Client (M):Yes|Discussion was held with client on the following general
CSI	2501961	30	Contact Visit to the Bank, Approved,	VISIT	01/20/2005	completed the incomplete documents pending or missing (M):Yes|Client's statement signed by the Client (M):Yes|Discussion was held with client on the following general
ANO	2545896	30	Contact Visit to the Bank, Approved,	VISIT	01/20/2005	completed the incomplete documents pending or missing (M):N/A (all in order)|Client's statement signed by the Client (M):Yes|Discussion was held with client on the following general
ANO	2553767	30	Contact Visit to the Bank, Approved,	VISIT	01/20/2005	completed the incomplete documents pending or missing (M):N/A (all in order)|Client's statement signed by the Client (M):Yes|Discussion was held with client on the following general
MIP	2541670	30	Contact Visit to the Bank, Approved,	VISIT	01/20/2005	incomplete documents pending or missing (M):N/A (all in order)|Client's statement signed by the Client (M):Yes|Discussion was held with client on the following general

图 A-1

＊客户今天为了帮助与他有往来的意大利银行而来电取消了基金的划转指令，客户之前曾考虑委托该银行管理存放在本行的基金。客户之所以会有此打算，是因为他的意大利籍投资顾问先前向他保证他能获得总额约 114 万欧元的收益，而且不会有任何被意大利金融警察起诉的风险。××× 趁这次访问其他客户的机会，顺道与这位客户再次会面，再一次向客户详述此类操作的固有风险，借此评估是否有可能让这位客户改变主意。客户也因此决定取消划转指令，暂缓 48 小时。到他下次来访时，我们会一起评估如何重新投资他的资金。

＊客户到访，以了解其财务状况。客户偕妻子而来，今早他们先去了公证人那里，因为客户已决定将共 195 万欧元的两笔钱赠与妻子，妻子开了两个户头，一个户头在日内瓦，由 ××× 管理，另一个在苏黎世，由 ××× 管理。客户自己也开了两个户头，一个在苏黎世，另一个在日内瓦，因此，账户 ××× 将被关闭。客户之所以做此决定，是因为他已通过信托将资金转回，他希望其他账户是在别的州。我已经与苏黎世和日内瓦的两位 RM 沟通好，两位都向我确认他们将会让我取得 BIMAS 的授权，让我可以通过卢加诺管理那些账户。客户签署了授权书，并指示我执行各种转账以及关闭账户的书面程序。

＊客户下达了关闭账户的指令，并打算在意大利投购保险。我告知他可能遭遇的风险，经过考虑之后，他决定撤销指令。

＊客户在昨天（4 月 18 日）紧急叫我到米兰见面。金融警察找上了他，并且似乎从他的个人计算机看到他先前传给本公司 ××× 的划转指令。他要求我与他的会计师 ××× 博士联系，我

熟识该会计师，他要我们两个试着厘清该怎么做才不会节外生枝。在此也顺便通报，大约在两年前，这位客户以他由税盾获得的资金向 ××× 买了 150 万欧元的保险，这笔钱目前存在卢森堡。

* 我们联系客户请他尽快与我们约时间见面。客户委托我们管理他的资产，但他不喜欢用电话联络。不过我们仍先告知客户为什么紧急要求他尽快与我们会面。由于某种原因，我们必须在未来几周内尽快向他说明（税）。等待客户通知我们他何时有空。

* 账户持有人的妻子跟女儿前来讨论一个潜在的法律问题。账户持有人在米兰拥有一家公司，专门从事电视广告制作并在意大利及海外举办时尚活动。客户在本行的户头的资金来源是他境外事业的所得。最近，他们注意到一位女员工形迹可疑，查出她有挪用资金的现象。不幸的是，在此之前他们都认为涉案人值得信赖，因此涉案人对于设立在本行的账户的诸多细节都知情，客户因此担心该员工可能会利用那些信息来敲诈他们，或借此不让自己被解雇（看来去年的账号变更也源于同样的问题）。我向夫人解释为何关闭账户是行不通的，因为账户关闭后，我们仍必须保存相关信息十年之久，但我也告诉她，无论如何，这些账户的相关信息必须经过一个相当冗长的法律程序才会被厘清。客户得先被意大利司法部门调查，意大利必须提出跨国委托书请求他国协助调查，而瑞士当局必须受理这项请求。在这种情况下，最好的解决方案可能是成立一个信托基金。总之，我与夫人达成共识，将在短期内跟她的丈夫（出差至下周）会面。我已经通报了 ××× 事件。

* 与客户（父子）一起修订投资组合。××× 也看过了。父

亲因为开设新账户 ××× 的申请没通过而沮丧苦恼，因为意大利方面似乎有意针对客户为了电影预售涉嫌逃税，及在海外设立与 ××× 有关的秘密账户等展开进一步调查。他的儿子从事股票和对冲基金方面的正常投资，他对于今年到目前为止的成果颇为满意，要求我继续以电话告知他有关市场的信息。他们离开银行约五分钟后，他儿子来电要求我卖出所有对冲基金。我忘了让他在“已阅并同意”下方签名。总之，他儿子领取了活期账户的财务报告与收支明细，这是他到访本行时的习惯。

* 客户前来办理 80 万欧元的转账。客户表示，他已逐渐厘清自己对于 ××× 问题的立场。年底之前，他应该会将所有基金转回本行（即他先前转至马德拉岛 ××× 的那笔约 500 万欧元的基金）。

* 客户与妻子一起来访，继续商讨几个月前讨论过的议题，他们在评估是否需要赋予账户一个合法的架构，以有效防范他意大利公司旗下的一位女雇员可能采取的任何行动，他与这位雇员有过一些争执，而该雇员对于他海外生意的诸多细节都有所了解。我立刻将信托推荐给他，并建议他跟 ××× 约时间洽谈，他们将于 7 月 26 日星期二在本行会面。

* 致电账户持有人，跟他确认他同意我们（根据 2004 年 4 月起在瑞士生效的一项法规）将账户持有人的姓名标示在转账单上，我们收到客户书面申请的传真，正要帮他将一笔资金转至意大利。起初，客户表示同意，声称既然是转回他自己的账户，他不介意汇款人的名字出现在转账单上。然而，一小时后，客户打电话取消指令，要求我们不要再进行转账，幸运的是这时转账尚未生效。

转账取消。

*客户高龄83岁，很不幸地不良于行，必须以轮椅代步。她所需要的护理费用很高，但基础保险不予给付。她要求我在很短的时间（48小时）内将她的所有资产出售，因为她打算在意大利西雅那银行集团的摩纳哥分行开户，后者可以（通过自家银行）将资金汇回意大利。

2005年2月10日，我收到客户侄女的电话，侄女持有账户的授权。侄女通知我，她的姑姑曾以挂号信做出指示。我安抚她说还得等上几天。当她告诉我，客户指示我直接将所有资产全数转移到一个位于意大利的个人账户（同一持有人）时，我大吃一惊，其账户余额非常可观，大约是869 000美元。

客户的侄女告诉我，她们已经搜集了所有的情报，认为这么做不会有什么风险。我要求她让我跟她的姑姑谈一谈，以确认她真的想要转账。同时，我询问了意大利那边的人，他向我证实这么做很冒险。我也联系了我们的合规部门，他们对此没有提供具体信息，但他们告诉我，如果客户想要这么做，我也只能为她转账。

2005年2月14日，我收到客户的指示，便打电话确认转账事宜。我又跟她聊了一下，希望能说服她不要把钱转到意大利，并问她之前为什么没有利用2002年和2003年2.5%税率（特赦）的双重机会。她说她当时不知情，而她先前的投资顾问×××先生尽管知道她的健康状况，却没有跟她提到这个简单的解决方案。

我请求她让我再次跟她的侄女谈话，并建议她联络一位意大利的税务顾问。我致电她的侄女，请她分次前来提取现金。她说她还得跟她的姑姑谈一下，会随时通知我最新的情况。

2005 年 2 月 15 日客户指示开始转账，因为银行经理已向她确认，对依法必须向意大利银行提出的申报书里，不会提到这些资金是以洗钱的方式获得……我不知道 ××× 的银行经理对于客户逃税可能被判处的罚款是否有任何概念！我觉得自己已经用尽办法说服她不要进行此项操作。她很有礼貌地告诉我，她会让我知道后续的消息，因为我帮了她很多。希望意大利政府会对年老的女性和残疾人士手下留情。

* 正如预期的那样，12 月 19 日星期三，我去 ××× 位于伦敦利物浦街附近的瑞银办公室找他，接着我们移师到附近的一家咖啡馆。这位客户先前询问过我们是否可以在本行的卢加诺办公室帮他提取 16 万欧元的现金，我已经确认可行，而我跟他确认了我们之间针对此事所达成的协议，客户对此事赞许有佳。他有机会买下一栋位于米兰郊区的公寓，而这栋公寓就在他所拥有的另一栋公寓隔壁，他希望能将这笔资金用于购买公寓。一旦顺利买下，××× 希望能取得相关的改建许可，将两栋公寓合而为一。

一位意大利籍但没有定居在英国的客户短期内并不打算离开伦敦的瑞银，但是，他曾在多个场合告诉我，他妻子很怀念意大利的生活，相较于他，她在伦敦显然不那么开心。

我们讨论了与《欧盟储蓄指令》有关的事，在此之前我们曾两次谈到这个话题，但这一次我向客户强调，我们相信储蓄指令将会通过。我建议 ×××，身为在英国的非定居居民，在我看来，与其费钱费力设立离岸公司，不如向英国当局申报他的账户。令我惊讶的是，客户没有异议。他还提到，如果他返回意大利，英国税务机关将与他有关的信息提供给意大利税务机关的可能性很小。然而，我们仍一致认为，他若是返回意大利或移居到另一个欧洲国家，还是应该考虑设立离岸公司的可能性。

在我们去年接近年底时的那次会谈中，××× 提到佣金的问题，他认为本行收取的佣金过高。我之前已将账户保管和管理的费用明细寄给他，而此次我提供同样的信息给他。我也补充说明，他所支付的其他费用是信托和债券买卖的佣金。客户似乎以为我们所抽取的佣金是整个投资组合的保管费，不论其组成内容为何。我先前向他解释过这一点，而我感觉，经过这次会面之后，税的问题已经不存在，这无疑是因为客户已经了解到我们的服务多么优质，至少是在把钱转到卢加诺这件事上。

在投资方面，我们讨论了更多合作的可能性。我将各种文件交给客户，他说他将阅读这些文件，然后回来找我。简单地说，他看好欧元，并非常注重固定收入，这是他不会改变的两点。他坦承自己跟许多观察员一样，错估了欧元利率的趋势——他原本预估欧元会上涨。不过，据他所说，即使过去错估这一点，也并不代表要改变路线……我们约好保持联系。

*两位账户持有人当中的一位刚刚打电话过来，想对账户进行一般性的了解。只有等到客户来卢加诺找我们，待处理的文件才能完成。他不愿意以传真或邮寄的方式收到任何文件。客户住在西西里（意大利），他不喜欢银行邮寄任何文件到他的居住地址。

公司与离岸账户

阅读客户会谈报告书，我们发现有些客户对避税天堂了如指掌。报告书中有许多关于幽灵公司或账户持有人在卢森堡、列支敦士登和巴拿马等国开设的银行账户。在这些国家，客户的名下登记有其他的秘密财富，以及为了让追查资金真正的主人变得更复杂而创立的公司。

*账户持有人在他儿子的陪同下来访（儿子被许可管理账户），以了解现状，并决定如何利用流动资金再投资。他决定在未来的五年内购买 50 万欧元的汇丰 GH 基金（HSBC GH Fund）、50 万欧元的汇丰全球机会基金（HSBC World Opportunity Fund）、50 万欧元的结构性产品——汇丰指数成长连动式债券（HSBC Index Basket Linked Growth Note），过几天他会来电再次确认。他指示转 20 万欧元到儿子在卢森堡的两个账户，但还是等他电话确认之后再进行。被 ××× 和 ××× 遇到。

*与客户一起修订投资组合。客户预先知会我，他们将从列支敦士登银行转 24.5 万欧元到本行，欧洲投资银行强调的期限是 2005 年 4 月 17 日。他们打算 4 月底在巴拿马设立一家公司以应对《欧盟储蓄指令》。届时他们将过来开新的户头。

*与客户一起修订投资组合。女士以 ××× 的名字开设公司账户（出于税金方面的考虑），她在一封要寄给瑞银 / 卢加诺的信上签名，要将存款转至本行（她留了一份记有 842 726 欧元的账户明细给我）。她要求我们在收到米兰的访问名单之后修订合作条款，并在她下次来访时告诉她。

* 客户快速调整了他的活期账户上可用的资金，决定在10月将账户上可用的资金转到马德拉。他仍然试图通过一家米兰的公司（我想应该是×××）设立投资基金，并想将资金交由我们托管。

* 继今早来访之后，客户说他将进行其他的提款，但他不想注销账户。目前，除了酒厂，他正在建一座舞厅，但明年他将有其他的流动资金可用。在此告知，这个账户当初是以来自卢森堡的70万欧元开户的。

* 客户为知名时装品牌（D&G、古驰）的牛仔裤生产模具，他跟创立新厂的合伙人、担任会计师的弟弟一同前来，跟负责税务和金融的×××会面。他们讨论了如何在海外设立公司处理税务，以对商标和专利带来的现金流进行更好的管理。他们提出了几个解决方案，并为其在英国和巴拿马的公司选定了名称。这项操作应能为本行带来每年约200万欧元的托管金额，其中至少有一半会在今年年底转入本行。我们将在11月14—20日在本行再次会面，以签署合约和开户。

客户与×××见面讨论关于其资产的计划。特别讨论了作为一个有英国国籍但没有定居在英国的人（不受《欧盟储蓄指令》约束），持有一个个人账户、一个新加坡的活期账户、一家离岸公司和信托基金，在税金方面所须面对的各种后果。在评估了多个方案之后，客户决定：

- 将一家由外部董事挂名的巴拿马公司的户头合并至卢加诺的活期户头。
- 注销新加坡的活期账户，将账上资金转到卢加诺。

- 将所有放在瑞士其他银行的资产（价值 2 500 万欧元），合并到位于巴拿马的汇丰银行账户中。
- 将所有资金集中起来后，就在新西兰设立信托基金进行评估，将部分财产分散。

现金的统治

一笔笔的现金存款和提款，有时金额甚为可观，投资顾问的会谈报告书凸显出账户持有人习惯使用现金进行交易。但这当中几乎从不解释现金的用途以及这些账户中资金的来历。但是，账户持有人有时会不小心露出马脚，比如说，他们会透露某笔资金是用来支付非法房地产交易的。与汇丰银行往来的账户持有人，主要是一些企业家和意大利北部的专业人士。

*客户领取 15 万欧元（之前已知会过我们）。他告知我有关他的信托账户的详情，因为他成立了一家公司，将把他的个人账户转为公司账户（月底时我应能收到文件）。

*与客户一起修订投资组合。他正在进行两项与出售他的公司股份有关的财务尽职调查，这应该能给他带来约 200 万欧元进账，其中的一部分（应该是 50 万欧元，或许还更多）存在瑞士（本公司）。约一个月后，他应该会有一笔 10 万欧元的现金流动资金汇到我们这里（分次汇入，每次 25 000 欧元）。

*一如往常，他还是独自一人，所以我没让他签署待处理的文件。他要求我转 2 万欧元到卢加诺的瑞意银行（BSI）。他有 10 万欧元的现金。下周二，我们会决定资金如何使用，他今天赶

时间。

* 客户前来进行 225 000 欧元的转账。已跟账户持有人约好下周二在米兰讨论投资建议（与 ××× 有关）。

* 到客户公司拜访她。她对事情的进展很满意，告诉我今年年底前应该会将约 60 万欧元转至本行。她知道《欧盟储蓄指令》即将生效，她将在市占率提高后决定是否要开公司。总之，她很满意。成长潜力极为看好。

* 客户来电预约明天上午的会面，他打算提现 11 万欧元。我请他解释原因，他说这是为意大利境内的一宗房地产交易所进行的境外支付，因为不想在收款人的账户上留下记录而不选择转账方式，因为他跟收款人不太熟。总之，客户愿意将与交易有关的所有细节提供给我们，包括收款人姓名。

* 客户未经预约来访，由 ××× 接待她，因为她原本的投资顾问没空。客户前来提取 24 500 欧元，她需要这笔钱支付她在利古里亚拥有并经营的旅馆的整修费用。客户谈论她的工作内容，我发现她的旅馆跟我的家族在拉帕洛所拥有的度假屋相距不远，因此我们约好，圣诞假期时我将去拜访她。这次没能更新文件，因为客户单独前来，法定代表人并未随行。

* 客户 ××× 由我接待。他完成了 2 万欧元的小额转账。他正出售位于撒丁岛的别墅。售出之后，应可将约 100 万欧元转至本行。

* 账户持有人带女儿前来了解情况。一切都没问题，他很满意投资成果。两位告诉我今年会将更多的资金转入本行。合作潜力很大，因为客户是意大利的主要家电生产商之一。他也趁这次

的会面做出以下指示：

- 每人各购买等值15 000欧元的土耳其里拉（TRY）、匈牙利福林（HUF）和波兰兹罗提（PLN）债券。
- 购买价值35 000欧元的汇丰GH基金。
- 购买伊特鲁里亚人民银行1 000股。

财务报告已签名。一切OK。

*客户来到银行提款；开新账户（×××）的文件已经签好，下周或下下周的前几天，新账户会有108万欧元入账。前述金额是客户售出佩萨罗（意大利）一个工业建筑的部分所得。此外，客户要求我们准备好成立公司（×××）所需的文件，新公司将汇集他的三个账户（×××，××× 以及新账户 ×××）。准备就绪后，客户会带父母一起过来签名。

*客户称，不久将收到来自中介的一笔养老基金的所得，为此，他委托地方银行管理的一个公司账户将有一笔500万欧元左右的进账。其中200多万欧元会进到他的户头，另外200多万欧元会进入 ×××（他的股东）的账户。客户确认并解释了这项操作。

规避《欧盟储蓄指令》

2005年，针对境外存款征税的《欧盟储蓄指令》正式生效。这是针对欧盟国家境内的银行支付给长期旅居他国的客户的利息预扣所得税。然而，这种税只针对自然人征收。客户会谈报告书揭露了汇丰银行的投资顾问规避法律的行为。他们的解决之道很简单：在账户持有人名下成立一家幽灵公司，把钱转到那个公司。

如此一来，金融投资的收益最后将流向一家不需缴纳欧盟税金的公司。大多数情况下，公司注册在巴拿马——中美洲的避税天堂。在客户会谈报告书中，这项操作往往被称为“ESD 方案”或“EDS 方案”。

*客户检查了财务报告。签了 220 K 的全球对冲基金。考虑到《欧盟储蓄指令》的颁布实施，建议客户在巴拿马设立公司。客户极可能成立一家公司以应对《欧盟储蓄指令》，并处理他和两位朋友的继承问题。

*与客户会谈 4 小时，向他报告了资金管理的绩效，提出了将其余流动资金（1 000 万欧元）转投资的替代方案。除了 CO2 的管理之外，建议将 300 万欧元投入对冲基金，500 万～600 万欧元作为流动资金或拿来赚取额外收入。建议采纳 EDS 方案保护资产，成立一个信托基金，并与新加坡的分行合作。短期内将有其他资金入账。3 月，他将做出所有相关决定。

*三位账户持有人中的两位（父母）前来终止合作关系，这是由于他们不再有此需要，而且认为服务非常昂贵。但在讨论中，我得知他们的儿子——一名房地产商人——可能找到了一个“妥善保管”他职业所得的存款方式，那些存款（约 200 万欧元）目前存在他位于蒙特卡洛（在《欧盟储蓄指令》的管辖范围内）的两家银行的个人户头里。最后，他们决定不注销本公司的小额账户，在巴拿马设立一家公司，并在卢加诺的汇丰银行开立公司账户。

我们会将蒙特卡洛的两个户头的资金汇集到卢加诺，并将目前这个账户所剩不多的金额转至巴拿马公司的账户。他们今晚将与儿子讨论此事，并会尽快来电安排一个会议，着手处理一切。他们取出了 3 800 欧元。他们对信件通知不感兴趣。

* 账户的第二持有人前来提款 2 万欧元。他指示卖出 MMKT 欧元以弥补资金缺口。我们详细讨论了关于《欧盟储蓄指令》的问题，大致上决定在巴拿马成立一个公司（总之，××× 一回来，就会设法与他会面，到时也会讨论信托及巴拿马公司的解决方案）。由 ××× 接待，因为他原本的投资顾问不在。客户对信件通知不感兴趣。以身份证辨识了客户的身份。

* 兄弟姊妹四人中的一位前来（他们有四个账户，其中的大户已经利用税盾合法化）。他们从母亲那里继承了瑞银账户（每个人 50 万欧元），将把钱转到我们这里。我向他们解释了关于《欧盟储蓄指令》的问题。他们将设立一家公司，四个人共同拥有。他们谈到了在瑞士私营银行（Banca del Gottardo）的其他账户，那些钱也会统一转至本行（虽然我没有问他们金额是多少）。下周我会去找他们，一并向其他的兄弟姊妹（以及其他有潜力一起加入方案的堂兄弟姊妹）解释一切。

* 客户因为《欧盟储蓄指令》设立了一家公司。他前来向我们解释他为何在前几个月转出了 300 万欧元。他在罗马买了价值 400 万欧元的土地，想拿来盖 120 栋小别墅。有人出价 800 万美元想回购（客户已取得兴建许可），他还在考虑中。这项投资预计可在大约两年（建造工程完成的时限）内获利 10 亿欧元。

* 账户持有人和他的一个儿子一起来访（她的两名子女也各自拥有本行账户）。她将在 5 月初和丈夫一起来开设公司。他们的

子女目前正与叔叔完成一笔商业交易，此交易预计能为每个人带来约 200 万欧元进账（钱会存在我们这里）。他们也将开设公司。

* 与客户一起修订投资组合。讨论了是否要设立公司，以对税务进行较好的管理。客户已经在打听是否可以利用他在卢森堡的一家公司（×××），日后会通知我。

* 与客户一起修订投资组合。为对税务做更好的筹划，客户已与卢加诺的瑞士联合私人银行成立了一家公司。收到文件之后，他将过来开户，并将目前存在 ××× 的资金转到这个户头上。目前，客户正在出售他位于西班牙伊维萨岛的公寓，所得将全额转至本行。

* 依上周约定，客户短暂来访，存入他出售自己兴建的几栋公寓所得的 15 万欧元。客户是建筑承包商。他 2006 年年初会再来评估是否要因为《欧盟储蓄指令》设立一家公司，并顺便评估如何将目前投资在信托上的资金做其他投资。

支付给掮客的佣金

以下是一份汇丰私人银行内部的文件，文件规定银行与掮客间的关系，后者将新客户引荐给银行。银行通过掮客得以吸收存款，以进行投资。以下文件是汇丰银行与掮客签订的合约范本，其中明确了对其所提供的服务给予的报酬。根据合约，银行必须将新客户的资金所产生收益的25%支付给掮客。合约也指出哪些银行服务和金融产品应纳入计算范围。分配给掮客的酬劳每六个月计算一次。银行的投资顾问也可以担任掮客引荐新客户，在此种情况下，他们也有权按照合约中约定的比例抽取佣金。

Π34 i-1 601

20. FEV. 2004 17:34 Nº 215 P. 5

HSBC Private Bank

HSBC BANK, Malta

Geneva, January 30, 2004

Re: Introducer Agreement

Dear Sirs,

We refer to our recent discussions and have pleasure in confirming our Agreement as follows:

1. We have taken note that you shall encourage customers to open accounts with Banks belonging to the HSBC Group. It is however understood that, within your prospecting activities, you shall strictly adhere to the principles set forth by the Swiss Bankers Association's code of conduct, (CDB), as amended from time to time, as well as to the legislation on money laundering and our internal rules (or rules of our affiliates) with regard to the exercise of due diligence for the acceptance of new customers. Copies of the CDB 03 and of the "Know-your-customer Profile" are enclosed herewith, for the verification of customer knowledge when a customer wishes to open an account.

2. Within the scope of your activities, you are subject to the regulations concerning Swiss Banking Secrecy, or otherwise, to those in force in the country where the new customer has decided to open an account. You are subject to these regulations and laws during the period of our contractual relationship, and beyond, without any limitation whatsoever.

3. You shall have no authority to act or purport to act as an employee, representative, executive, officer or agent of HSBC Private Bank (Suisse) SA and/or to sign on behalf of or otherwise incur any liabilities of any sort on behalf of our Bank.

4. Each banking establishment to which you introduce a prospective client will maintain a list of all the accounts that you have recommended. Your remuneration will be set, by a specific agreement, with each establishment to which you have referred customers.

5. As concerns the HSBC Private Bank (Suisse) SA, your remuneration will be directly related to your prospecting activity and shall consist of a 25 % retrocession on the following commissions/fees generated by customers introduced by you:

Fiduciary deposit commissions; net brokerage fees; securities administration fees; discretionary management mandate fees; "all-in-fee" for discretionary management mandates; rebates received by HSBC Private Bank (Suisse) SA for HSBC funds managed by HSBC INVESTMENT HOLDINGS (GUERNSEY) LIMITED.

HSBC Private Bank (Suisse) SA
Quai Général-Guisan 2, PO Box 3580, CH-1211 Geneva 3
T +41 (0) 58 705 55 55 F +41 (0) 58 705 51 51
www.hsbcprivatebank.com

1

20. FEV. 2004 17:35 Nº 215 P. 6

Your remuneration being directly related to your prospective activity, it may be reviewed as a result of changes in the total amount of assets of all clients which you have introduced.

6. Please note that the recognised date for a new account is the first day of the current month within which the account has been opened. The retrocession payments on each account opened will be limited to a period of three years from the date the account is opened.

7. The retrocession will be calculated and paid on a semi-annual basis. However, if as of 30 June the retrocession due totals an amount inferior to CHF 20,000. -, the aforesaid amount will be carried over to the end of the current year and paid, as long as, by 31 December of the current year, the total retrocession amounts to a minimum of CHF 20,000. -. In the event that, on 31 December, the total retrocession for the current year should be inferior to CHF 20,000. -, no payment for the past year will be owed. A carry over to the following calendar year of retrocession that amount less than the aforesaid minimum is excluded. The rule of the CHF 20,000. - platform minimum will be applied *pro rata temporis* during the first calendar year, as of the date the present Agreement has come into effect.

8. For those introducers residing in Switzerland, the payment of retrocession includes the VAT; for those introducers who are not Swiss residents, the VAT will be deducted from your retrocession, at the applicable rate, before payment. It is understood that any change in domicile or any modification of your VAT status must be communicated to us.

9. Any other financial and commercial transactions introduced by you, but not mentioned in this Agreement, will be examined, on a case by case basis, and mutually agreed upon.

10. You acknowledge that if you have no signing authority on the accounts opened by customers which you have introduced, you will not be entitled to a control of the retrocession calculation. However, if you wish, you may appoint and give mandate, at your own expenses, to our external auditors in order to control the amount of retrocession as calculated by our Bank.

11. With regards to the observance of the CDB and our own internal bank rules, it is agreed and understood that our Bank, and/or our affiliates, have the right, in their entire discretion, to refuse to open an account for a prospective customer introduced by you, without being required to disclose the motivation for such refusal.

12. You acknowledge that you are responsible for informing customers which you introduce to our Bank of the existence of this Agreement. We reserve the right to inform the aforesaid customers, at their request, of the contents of this Agreement.

13. In return for our services, you agree to favour our Bank and thus encourage your customers to open an account with us in priority.

14. The starting date of this Agreement is January 1st, 2003. It is initially concluded for an undermined period.

Either party may terminate the Agreement upon written notice of at least 60 days for the end of a month. If the Bank terminates the Agreement, we will pursue paying the retrocession due on accounts which you have introduced until the limited period of three years is reached, as defined under clause 7.

2

20. FEV. 2004 17:35 N° 215 P. 7

The Bank may however immediately terminate this Agreement without notice in case of violation, in particular of clauses 1 and 2. In these circumstances, no further retrocession will be paid, either under clause 6 or under the present clause.

15. You acknowledge that you are not authorised to give a copy of this Agreement to any third party without our prior written consent.

16. This Agreement shall be in all respects construed and interpreted in accordance with Swiss Law, in particular sections 412ss of the Swiss Code of Obligations.

The venue for any dispute shall be a sole arbitrator, designated by mutual accord of the parties, and ruling in the last instance, without appeal. In the event that an accord cannot be reached, the arbitrator should be designated by the President of the Court of Justice in Geneva by request of either of the two parties. The arbitrator shall apply the Intercantonal Treaty on arbitrage when the introducer is a Swiss resident and Swiss International Private Law when the Introducer is not a Swiss resident.

Please return the enclosed copy of this letter duly signed in agreement with its contents.

We look forward to a mutually beneficial collaboration and remain,

Yours faithfully,

HSBC Private Bank (Suisse) SA

Date and signature: HSBC Bank Malta p.l.c.
Wealth Management Office
233, Republic Street
Valletta VLT 05, Malta

Encl. ment.

3

图书在版编目(CIP)数据

逃税者的金库 /（法）埃尔韦・法尔恰尼，（意）安杰罗・闵库奇著；吴若楠译. —北京：中国人民大学出版社，2017.11

ISBN 978-7-300-25041-0

Ⅰ. ①逃…　Ⅱ. ①埃…　②安…　③吴…　Ⅲ. ①金融—历史事件—世界—通俗读物　Ⅳ. ①F831.9-49

中国版本图书馆CIP数据核字（2017）第236525号

逃税者的金库

［法］埃尔韦・法尔恰尼
［意］安杰罗・闵库奇　著

吴若楠　译

Taoshuizhe de Jinku

出版发行	中国人民大学出版社		
社　　址	北京中关村大街31号	**邮政编码**	100080
电　　话	010-62511242（总编室）		010-62511770（质管部）
	010-82501766（邮购部）		010-62514148（门市部）
	010-62515195（发行公司）		010-62515275（盗版举报）
网　　址	http://www.crup.com.cn		
	http://www.ttrnet.com（人大教研网）		
经　　销	新华书店		
印　　刷	北京联兴盛业印刷股份有限公司		
规　　格	148mm×210mm　32开本	**版　　次**	2017年11月第1版
印　　张	6.5　插页2	**印　　次**	2017年11月第1次印刷
字　　数	134 000	**定　　价**	45.00元